本书得到福建省社科项目"国内国际双循环背景下福建省数字贸易发[] 与政策研究"（批准号：FJ2021BF037）、福建省科技厅项目"福建省[] 济发展：测度、国际比较与政策建议"（批准号：2022R059）、福建[] 院科研启动基金项目"跨境电商促进农民收入增长的实证研究"（批[] GY-S18100）的资助。

海南农垦天然橡胶
生产经营模式及效率研究

郑素芳◎著

PRODUCTION OPERATION MODEL AND EFFICIENCY OF
NATURAL RUBBER IN HAINAN STATE FARMS

经济管理出版社
ECONOMY & MANAGEMENT PUBLISHING HOUSE

图书在版编目（CIP）数据

海南农垦天然橡胶生产经营模式及效率研究/郑素芳著 . —北京：经济管理出版社，2022.6
ISBN 978-7-5096-8456-6

Ⅰ.①海…　Ⅱ.①郑…　Ⅲ.①天然橡胶—橡胶加工—研究—海南　Ⅳ.①F426.74

中国版本图书馆 CIP 数据核字（2022）第 086422 号

组稿编辑：许　艳
责任编辑：许　艳
责任印制：黄章平
责任校对：王淑卿

出版发行：经济管理出版社
　　　　　（北京市海淀区北蜂窝 8 号中雅大厦 A 座 11 层　100038）
网　　址：www.E-mp.com.cn
电　　话：（010）51915602
印　　刷：唐山昊达印刷有限公司
经　　销：新华书店
开　　本：720mm×1000mm/16
印　　张：11.25
字　　数：202 千字
版　　次：2022 年 6 月第 1 版　　2022 年 6 月第 1 次印刷
书　　号：ISBN 978-7-5096-8456-6
定　　价：68.00 元

前　言

　　天然橡胶是重要的战略物资和工业原料，与石油、煤炭、钢铁并列为四大工业原料，也是四大工业原料中唯一的可再生资源。中国天然橡胶产量位居世界第五位，但消耗量却居世界第一位。海南省是中国植胶面积最大、产量最多的区域，其中海南农垦天然橡胶开割面积和产量占全省的55%以上，在全国具有举足轻重的地位。因此，如何通过完善天然橡胶经营模式，优化天然橡胶资源配置，提高天然橡胶生产效率，从而增加天然橡胶的供给，是我们目前亟须研究的一个重要课题。

　　目前国内外对于天然橡胶产业的研究大多集中于对产业发展现状、问题及对策等实际问题的研究，并未形成一个完整的橡胶经济学理论体系。国内对天然橡胶生产经营模式的研究，也是以定性研究为主，定量研究仅局限于对国营胶园职工家庭长期承包这种模式的效率测算。本书试图构建一个橡胶产业经济学的理论框架，采用数据包络方法，对海南农垦的家庭长期承包、股份合作制、职工自营胶园这三种经营模式的技术效率进行测算和比较分析，以期找出一种技术效率相对较高又适合天然橡胶生产的最佳的经营模式。

　　本书共分为四个部分：第一部分为问题的提出和文献综述、理论考察；第二部分首先对国内外天然橡胶生产及经营模式的现状进行统计性的描述，其次对海南农垦自创建至今所经历的各个不同历史时期的经营模式进行回顾和总结；第三部分是核心部分，分别从定性和定量两个角度对天然橡胶生产的三种经营模式进行比较和评价；第四部分为结论讨论以及对策建议，在分析各种模式利弊的基础上，提出相应的对策建议。

　　本书对海南农垦天然橡胶生产的经营模式进行统计分析，在回顾天然橡胶经营模式历史进程和国外天然橡胶主要经营模式的基础上，从定性的角度对家庭长期承包、股份合作制和职工自营胶园的利弊进行分析，从定量的角度对这三种经营模式的技术效率进行测算，并对影响技术效率的两大因素——纯技术效率和规模效率进行分解和评价，从而在研究结论的基础上，借鉴国外先进经验，提出相应的政策建议。本书的主要研究结论如下：

（1）天然橡胶是中国经济建设不可或缺的战略物资，天然橡胶的安全问题直接关系到国家经济和政治的安全和稳定，因此天然橡胶产业就成为国家发展经济的重要支柱产业。海南是中国最大的天然橡胶生产基地，其产量和面积均占全国一半以上，海南的天然橡胶产业成为保证国家经济安全的重要资源基地。然而，历史的原因和体制机制的束缚，严重阻碍和制约了天然橡胶产业的进一步发展，甚至出现了倒退。只有从经营模式上进行创新，才能彻底释放出应有的生产力，从而有效地调动经营管理者和生产者的积极性，最终提高劳动生产率，提高投入—产出比率，增加生产者的收入，为国家创造经济效益、社会效益和生态效益。

（2）海南农垦天然橡胶生产现存的经营模式主要有三种：国有开割胶园职工家庭长期承包、股份合作制和职工自营胶园。目前普遍执行的是职工家庭长期承包经营机制，与以往的经营模式相比，该模式在很大程度上调动了职工的生产积极性，原因就在于在一定程度上实现了产权清晰化，在承包合同中明确规定职工占有产权的比例。尽管如此，由于海南农垦管理机构臃肿，管理费用过高导致其综合成本居高不下，从而导致企业的效益不高。股份合作制是伴随着20世纪90年代的职工家庭农场体制的出现而产生的，是职工（包括干部）自愿与农场签订合同，以双方协商的比例分成，这种模式受到职工的普遍欢迎，职工获得了比国有胶园更多的主动性，于是这种模式成为第二大模式。职工自营胶园是20世纪80年代产生的，为了响应农场号召，职工家庭自筹资金进行开荒，开荒后个人获利，这种模式虽然规模较小，但近年来发展迅速，已经成为海南农垦天然橡胶生产的一支不可忽略的力量。

（3）天然橡胶生产不同的经营模式，其性质和特征具有明显的差异性。从定性角度来看，股份合作制与职工家庭长期承包在实质上是相同的，唯一的区别在于企业和职工分成比例的不同，也正是因为股份合作制职工分成比例大大高于职工家庭长期承包，所以能够极大地调动职工生产和经营的主观能动性，从而促进其管理效率的大幅度提高。职工自营胶园是伴随着以上两种经营模式而产生的，这种模式在很大程度上增加了职工的收入，受到了职工的普遍欢迎，但由于适宜植胶土地面积的限制，这种模式很难在较大范围内推广实施。

（4）天然橡胶生产的不同经营模式，其技术效率和经济效率亦存在明显的差异。这主要体现在：首先，在成本投入方面，国有胶园投入成本最高，股份胶园次之，自营胶园最低；其次，在单位产品的平均利润方面，自营胶园最高，股份胶园次之，国有胶园最高；最后，在技术效率方面，股份胶园的技术效率最高，国有胶园次之，自营胶园最低。通过分析影响技术效率的纯技术效率和规模效率两个因素可以发现，规模效率是决定技术效率高低的主要因素，凡是规模效率高的职工家庭长期承包和股份合作制，其技术效率就高，自营胶园技术效率低下的关键原因在于规模效率的低下。通过比较这三种模式的技术效率可以发现，无论是从客观角度还是从主观角度来看，股份合作制都是最理想的经营模式，这与实地调研的结果相符，干部和职工都普遍赞成和支持股份合作制。

（5）不同的经营模式适用条件不同，职工家庭长期承包和职工自营胶园适用于家庭分散经营，前者能够在一定程度上调动职工的积极性并赋予职工部分经营自主权，后者职工具有完全的产权，有利于增加职工收入，但这两者都不适用于规模化、集约化经营，无法发挥规模效益。只有股份合作制最符合目前天然橡胶生产力发展水平和未来产业发展趋势，因此是相对效率最高、最适宜天然橡胶生产的经营模式，是海南农垦的必然选择，也可能是最佳选择。

目　录

第一章 导言

一、选题目的与意义

天然橡胶是人类最早使用的弹性体,最初其消费量一直在缓慢增加。随着世界工业发展,尤其是汽车工业发展,其消费量急剧上升。天然橡胶是重要的工业原料和战略物资,历来受到世界主要消费国和产胶国的重视。巴西橡胶树(Hevea Brasiliensis)是生产天然橡胶的主要作物,它需要高温潮湿的气候条件,因此局限于热带地区,全球 75%的天然橡胶产量来自 3 个热带地区国家——泰国、印度尼西亚和马来西亚。天然橡胶具有很强的弹性和良好的绝缘性、耐磨性,隔水隔气的气密性和耐曲折的性能,因而许多行业无法用合成橡胶取代天然橡胶。天然橡胶可以制作防毒面具、雨鞋、暖水袋、松紧带、外科医生手套、输血管、避孕套、排灌胶管、氨水袋,运用于密封、防震设备、飞机、坦克、大炮等产品上,特别是在轮胎制造业上,天然橡胶仍然是制造飞机、载重汽车及越野汽车轮胎的最好原料,例如,波音 747 大型客机等的轮胎,必须全部用天然橡胶制成。由于天然橡胶的不可替代性和可再生性(它是橡胶树生产的,是可再生资源),随着世界经济的发展和科学的日新月异,其用途越来越广,需求量越来越大。自 1876 年英国人亨利·威克姆(Henry Wickchan)从巴西引进橡胶树以来,世界天然橡胶种植业已有 130 年历史。目前世界上已有 41 个国家和地区种植橡胶树,受新冠肺炎疫情的影响,2020 年全球天然橡胶产业面临较大危机。据天然橡胶生产国协会(ANRPC)统计数据显示,2020 年全世界天然橡胶(NR)投产面积为 1313.14 万公顷,产量为 1278.2 万吨,同比下降 7.7%;消费量为

1282.7 万吨，同比下降 6.9%；库存增加至 366 万吨，创历史新高，国内橡胶库存达到 150 万吨，较 2019 年增长 15 万吨①。

中国于 1904 年引入巴西橡胶树，至今已有百年历史。在中国，大规模种植天然橡胶是一项具有创造性和历史性的事业，它打破了国外植胶专家认为橡胶种植仅限于赤道以南 10°到赤道以北 15°之间热带地区的神话，成功地在被世界橡胶权威列入"植胶禁区"的北纬 18°~24°、东经 100°~120°地区建立了稳固的天然橡胶基地，获得了举世瞩目的成就。在中国共产党的领导下，中国把开发天然橡胶作为关系国计民生、国防建设的产业，通过三代植胶人多年的艰苦创业，中国天然橡胶产业由无到有、由小到大、由弱到强，形成了以海南、云南、广东、广西、福建等省份为主的天然橡胶生产基地。到 2020 年中国天然橡胶种植面积为 116.1 万公顷，产量为 69.3 万吨（FAOSTAT 统计资料），成为继泰国、印度尼西亚、马来西亚和印度之后的世界第五大天然橡胶生产国。中国天然橡胶业走过了 50 多年艰难而辉煌的历程，在加入世界贸易组织后面临着严峻的挑战，国外天然橡胶大量涌入，竞争激烈，中国天然橡胶生产不仅面临着植胶环境条件不利的制约，而且面临着有自然资源优势的国外天然橡胶的激烈冲击。由于生产资料不断涨价，生产成本不断提高，种胶利润较低，加之金融危机的影响，国际市场天然橡胶价格不断下滑，走私严重。国营橡胶农场大幅度亏损，生产经营陷入困难，导致职工生活困难，人员大量外流，这样的局面，给中国天然橡胶业带来了严重影响。

海南从 1906 年在岛上（现东太农场境内）种植橡胶树发展至今，已成为全国植胶面积最大、产量最多的天然橡胶区域；海南天然橡胶在发展海南山区经济、实现农民增收和脱贫致富中发挥着重要作用。海南农垦始建于 1952 年 1 月，是中国三大直属垦区之一。海南农垦主要经营天然橡胶种植和加工，橡胶产业是海南农垦的支柱产业，在全岛分布着 92 个农业单位，其中 95% 的农业单位都种植天然橡胶，面积达 25 万公顷，现年产天然橡胶 22 万吨以上，占全国天然橡胶年产量的 50% 以上，是全国最大的天然橡胶生产基地。2020 年，海南省天然橡胶种植面积达 52.69 万公顷，占全国面积的 76%，开割面积为 32.32 万公顷，产量为 33.08 万吨，同比下降 5%，占全国产量的 49.6%。其中，海南农垦种植面积为 22.3 万公顷，占全国农垦的 54.7%，产量为 12.55 万吨，占全国农垦的 52%②。

---

① FAOSTAT 统计资料。
② 《海南农垦经济与社会发展统计资料（2020）》，《海南统计年鉴（2021）》。

海南天然橡胶产业主要有国有和民营两种经营模式，国有橡胶即海南农垦，是海南乃至全国天然橡胶产业的主导力量，其种植面积、产量和产值均居全省和全国第一，既是中国最大的天然橡胶种植基地，还是中国天然橡胶产业的资源控制者和橡胶产业标准的制定者。海南农垦经历了由建立之初的建设兵团到现在的职工家庭长期承包经营多种经营模式，每种模式都是顺应历史潮流和当时形势而产生的，符合当时的生产力发展规律。现存的主要经营模式有三种，即国有开割胶园家庭长期承包、股份合作制和职工自营胶园。民营橡胶种植始于20世纪初，其经营模式最初为集体所有制，以社（现在的乡、镇）、队农场为主，地方国有农场为辅，20世纪70年代为集体和农户种植兼有，80年代中国农村实行土地承包责任制后，民营橡胶得到了迅猛发展，并以农户种植为主。如今民营橡胶种植面积和产量均已超过全省天然橡胶的30%，成为天然橡胶产业一支不可忽略的力量。

本书主要研究的问题是，应用规模经济理论、交易费用理论、经济分层次理论、投入产出理论、外部性理论等理论来分析和评价海南国有农场天然橡胶种植的多种经营模式。首先，对国有橡胶多种经营模式的历史和现状进行回顾和总结，定性地比较各种经营模式的利弊；其次，应用DEA模型定量地比较国有橡胶各种经营模式总体的经济效益和社会效益；最后，选取一种经营绩效相对较好的、适合天然橡胶产业特性的作为国有橡胶种植的最佳经营模式，以实现利润最大化和产业的可持续发展，并为海南农垦和政府献计献策，提出能够促进橡胶产业发展的政策建议。

二、橡胶种植事关国家安全

天然橡胶是国防和工业建设不可缺失的战略资源，与石油、煤炭、钢铁并列为四大工业原料，中国天然橡胶产业具有不可替代的战略重要性。几十年来，中国天然橡胶产业经历了艰苦创业、高速发展、填平补齐、巩固提高等发展阶段，党的十一届三中全会后，中国天然橡胶产业进入了改革创新、快速发展的新时期，取得了巨大的成就。进入21世纪以来，天然橡胶在国民经济中的地位日益突出，天然橡胶业不仅已经成为替代进口的民族产业，而且成为中国热带地区农垦和农场的主要支柱产业，橡胶国有农场为繁荣和发展边远地区和少数民族地区的经济、文化、交通起到了巨大的作用。以海南省农垦为例，天然橡胶是其经济的重中之重，其税收占全省农业税收的50%，有些市县财政收入的80%来自天然橡胶。云南西双版纳州2019年地方财政收入的51%来自天然橡胶。巴西橡胶树在更新时，还能为国家提供大量商品木材。这对于保护热带森林、维护生态平衡有着不可忽视的作用。天然橡胶的发展为增进民族团结、繁荣边疆经济做出了巨大贡献。特别是在建设和谐社会、节约型社会，全面建设小康社会，建设社会主义新农村，解决"三农"问题等方面，中国天然橡胶产业应义不容辞地肩负起历史的使命。

国务院办公厅于2007年印发了《国务院办公厅关于促进我国天然橡胶产业发展的意见》（以下简称《意见》）（国办发〔2007〕10号），进一步明确了"天然橡胶是重要的战略物资和工业原料"的战略定位，肯定了中国天然橡胶产业所做出的重大贡献，指出了当前中国天然橡胶产业发展中存在的问题和面临的挑战，提出了今后发展中国天然橡胶产业的指导思想、基本原则、发展目标和具体措施。《意见》明确提出了到2015年，中国国内天然橡胶年生产能力要达到80万吨以上，境外生产加工能力达到60万吨以上的目标。《意见》为中国天然橡胶产业的快速健康发展明确了前进的方向、创造了良好的环境、开辟了广阔的工作空间，它是新时期指导中国天然橡胶产业发展的一部划时代的纲领性文件，具有重大的现实意义和深远的历史意义。

2019年中央一号文件《中共中央国务院关于坚持农业农村优先发展做好"三农"工作的若干意见》有很多部分涉及天然橡胶产业，因为我国天然橡胶的产量较低，而全国天然橡胶的消耗量又大，故长期依赖东南亚国家的进口，此次文件的发布，对于未来我国天然橡胶种植具有比较重要的指导意义，即在提质增效的基础上，巩固天然橡胶生产能力。

1. 橡胶供给与需求面临诸多矛盾

天然橡胶产业属于资源约束型、劳动密集型产业，相对其他农作物来说，具有周期长、受益时间长等特点。经过三代植胶人的努力，天然橡胶产量比以前有较大提高，但由于历史和自然灾害等原因，天然橡胶的产量难以进一步提高，现有产量远远不能满足中国经济发展对天然橡胶原料的需求。近几年，中国天然橡胶消费量随着国民经济的发展而迅速增加，中国已成为橡胶的生产大国和消费大国。随着越来越多的主产国加快推进本国工业化进程，其国内天然橡胶消费量必将大幅增加，未来十年天然橡胶出口比例将进一步下降，据预测，到2023年全球供应将出现短缺，2025年缺口将达40万吨，全球可能出现新一轮资源争夺局面。为此，从全球资源角度看，天然橡胶仍属于稀缺性资源。

第一，从供需矛盾来看，1993 年中国天然橡胶年消费量开始超过日本，仅次于美国，成为全球天然橡胶第二大消费国，到 2000 年，中国年消费量突破了百万吨，达到 107 万吨，并在 2001 年以后超越美国成为全球天然橡胶第一大消费国，2020 年年消费量比 1998 年增长 150%，达 325.46 万吨，但天然橡胶产量却只增长了 14%，为 69.3 万吨，表明中国天然橡胶供需矛盾逐年加大，严重影响中国经济可持续发展[①]。

第二，从自给率来看，一般认为 30% 的自给率是产业安全警戒线，中国天然橡胶自给率近年来呈下降趋势，1998 年中国天然橡胶自给率为 50.66%，2005 年自给率为 26.55%，突破了 30% 的警戒线，2020 年自给率达到历史最低，为 13.7%。连续数年自给率不足 20%，近 80% 的天然橡胶依赖进口。这对于中国来说是极其危险的，在生产量难以有较大突破，而消耗量却呈现日益增加态势的情况下，天然橡胶安全问题的严峻性更为突出。

第三，从进口指标来看，近十年中国天然橡胶进口量呈现快速增长的态势，2020 年天然橡胶进口量比 1998 年增长 280%，达 173.42 万吨，进口金额达 25.23 亿美元；出口量仅为 0.94 万吨，出口金额为 0.14 亿美元，占世界天然橡胶总进口额的 24.12%，进口金额累计增长了 915.25%。天然橡胶进口价格也在快速增长，1998 年进口均价只有 743 美元/吨，2020 年进口均价达到了历史最高的 1521 美元/吨，累计增长了 204.71%[②]，天然橡胶价格持续增长将影响到中国轮胎制造业、汽车产业、制鞋业等一系列产业，这种影响是广泛的、不安全的和长期的。此外，2003 年泰国、印度尼西亚和马来西亚成立了国际橡胶联盟，建立了储备金及联合收购机制，并将在必要时实施减产保值计划来影响国际天然橡胶价格，这一联盟的成立将导致中国天然橡胶进口价格风险进一步加大。一方面，国际天然橡胶价格上涨会使中国的天然橡胶安全受制于国际市场，不利于国际经济安全和经济发展；另一方面，天然橡胶价格上涨也会增加进口国的经济负担。

2. 海南农垦橡胶生产应当选用何种经营模式

中国的橡胶种植业生产经营模式有三种：国有农场、集体农场和植胶农户（包括少量的橡胶种植公司和初产品加工厂）。由于所有制形式不同，中国的橡胶种植企业分中央政府、地方政府、农村集体和个人四级管理。国有农场由所在省份的农垦总局管理，并从属于中央政府；地方国有农场归地方政府部门管理；

---

①② IRSG 国际橡胶研究组织 2020 年统计数据。

集体农场归各级集体组织管理。由于归属的不同，有关生产企业通常分门别类由主管部门分别管理。因此，不同类型的企业之间在管理体制、生产发展计划，甚至在政策法规等方面存在一定的差异。人们为了区分中央政府管理的橡胶种植企业，通常将地方国有农场、集体农场、植胶农户等统称为民营橡胶种植园（与国外的小胶园在所有制形式、经营规模和方式等方面有明显的区别）①。

目前，中国现有国有农场 151 个，植胶面积占全国总植胶面积的 60%；民营胶园（地方国营、集体、个体）的植胶面积约占全国植胶总面积的 40%。国有农场（包括地方国有农场）是国有企业，是政企合一的计划经济体制模式，并且带有军垦建制的特点，而民营胶园经营管理模式多样化，宏观管理十分松散。

海南农垦是中国最主要的天然橡胶基地，组建了中国最大的天然橡胶生产企业——海南天然橡胶产业集团股份有限公司，已经发展成为中国最大、产业链最完善的天然橡胶生产加工企业，是集天然橡胶种植、初加工、深加工、贸易、物流、研发及橡胶木加工与销售等为一体的全产业链的大型综合企业集团，是中国天然橡胶行业的领军者，并于 2011 年 1 月 7 日首次公开发行 A 股正式在上海证券交易所挂牌上市交易。由此可见，海南农垦天然橡胶已形成了最大的产业规模，无论是从生产规模、技术、资金还是从市场上看，海南农垦在天然橡胶产业发展中始终占据龙头地位。相比之下，地方民营橡胶种植分散，散户经营，技术落实不到位，加之资金不足，管理和效益普遍比农垦差。但是由于农垦受政企不分、社企不分、产权单一的经营管理体制，粗放型经济增长方式和沉重债务负担的影响，农垦企业在体制、机制、发展动力等方面都难以适应市场竞争的需要，产品结构老化，新品种推广不力，产品综合经营成本高于民营橡胶，存在规模不经济问题，而且橡胶加工过多，产品标准一致性差，缺乏质量监控体系。

海南民营橡胶占全省天然橡胶种植面积的 1/3 强，产量占比约为 40%，成为海南农业一大支柱，旺盛的市场需求和良好的市场前景促使民营橡胶规模不断扩大，以每年 1.3 万多公顷的速度递增。但是民营橡胶存在规模化经营不善的问题，民营橡胶中农户众多，力量分散、单薄，信息闭塞，经营手段简单，管理技术落后，科技推广服务工作滞后，无法实现集约化和规模化经营，整体实力较弱，但在自然灾害比较频繁的海南植胶区，只有实行规模化经营才有能力抵御如台风这样的大灾害。此外，民营橡胶加工厂小而全，分布零散，加工量小，污染重，产品效益较差，民营橡胶集中加工的产品质量较好，胶农自己生产的烟胶片质量较差。

---

① 蒋菊生，等. 中国天然橡胶产业战略转型研究 [M]. 北京：中国农业科学技术出版社，2009.

总体来说，不管是农垦橡胶还是民营橡胶，其附加值不高，缺少能够统揽全局的管理机制，而农垦天然橡胶生产的三种经营模式也各有利弊，在很长的一段时期内，这三种经营模式在总公司（总局）、干部和职工三个阶层存在较大程度的差异，海南农垦究竟应该采用何种经营模式成为一个引起争议的话题。本书通过对三种模式的技术效率进行测算和评价，试图找出一个经营绩效最高、符合天然橡胶生产规律，同时又符合大多数人利益的模式。

3. 研究意义

（1）研究的理论价值。目前国内外对于天然橡胶产业的研究大多集中于对产业发展现状、问题及对策等实际问题的研究，可操作性比较强，并未形成一个完整的橡胶经济学理论体系。本书是对天然橡胶经济学理论体系框架建立的一次大胆尝试和有益探索，以规模经济理论、交易费用理论、经济分层次理论、外部性理论和投入产出理论为基础，应用归纳与演绎、定性与定量、实证与规范相结合等研究方法，对海南国有天然橡胶多种经营模式进行系统的比较研究，加强经济学在橡胶产业经济中的应用，补充和完善橡胶经济学的内容，为中国橡胶经济学框架的初步建立做出贡献，有利于将来在此领域进行更深入、更系统的研究；同时进一步完善中国热带农业经济理论体系，为将来东盟自由贸易区橡胶产业的发展提供经济贸易理论基础。在经济全球化的今天，在中国经济体制改革进程中，中国天然橡胶产业的经济改革与发展研究显示出了其重要的理论创新价值。

（2）研究的现实价值与未来价值。本书对海南国有橡胶经营模式进行研究与比较分析，试图寻找一种最合适的经营模式，并建立天然橡胶产业的一般投入产出模型。将研究成果应用于中国天然橡胶产业，能有效增加天然橡胶供给，缓解日益严重的供需矛盾，减轻对进口天然橡胶和合成橡胶的依赖程度，增强整个天然橡胶产业的国际竞争力，增加中国天然橡胶产业在国际天然橡胶市场中的话语权。这对继续保持中国天然橡胶产业经济的可持续发展，将中国的工业化和现代化进程继续向前推进具有重要的历史意义和现实意义。

（3）研究的实践价值。一是通过对海南天然橡胶经营模式进行研究与分析，试图找出一个能促使国有橡胶实现产量最大化、经营效益最好且最适合天然橡胶产业发展的经营模式，然后把这种最优的经营模式推广到其他植胶区，如广东、广西和云南。二是通过理论研究揭示海南省天然橡胶经营模式的基本状况和未来发展趋势，提出促进天然橡胶产业可持续发展的对策与政策，以促进中国天然橡胶产业的发展作为出发点和落脚点，为海南农垦乃至中国农垦提供一系列的建议策略，这对于完善天然橡胶产业的布局、结构，降低成本和提高橡胶产品的竞争能力具有较强的实践价值。

三、逻辑思路与研究方法

1. 逻辑思路

本书进行研究与分析的逻辑思路如图 1-1 所示。

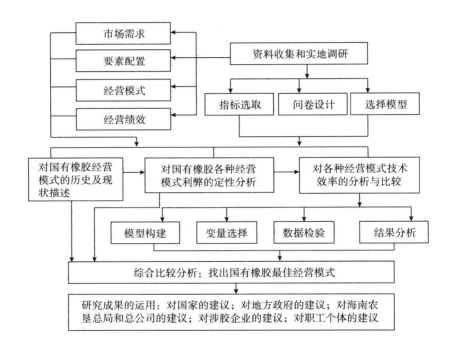

图 1-1　本书分析研究的逻辑思路

2. 研究方法

（1）定性分析与定量分析相结合的方法。本书对海南省国有橡胶经营模式进行了历史回顾和评价，首先，采用定性分析的方法，分析海南农垦橡胶历史和现行经营模式的优点和缺点，并对各种经营模式进行效率评价；其次，采用定量分析法，选取一定的评价指标，应用 DEA 分析方法对各种经营模式进行技术效率、纯技术效率和规模效率的评价。

（2）归纳法与演绎法相结合。首先，采用归纳法对海南农垦历史上实行的各种经营模式进行归纳总结，对同类型的方式进行归纳，总结出几种最主要的模式；其次，采用演绎法应用现有的理论和计量模型对海南省橡胶经营模式进行指导，确保所实行的经营模式能够实现经济效益和社会效益最大化。

（3）历史比较分析法。本书对海南省橡胶经营模式进行了横向和纵向的比较，首先，对国有橡胶从开始种植至今的各种经营模式的利弊进行历史比较和纵向比较；其次，对海南国营橡胶现行的若干种经营模式进行利弊的横向比较，并选取经营绩效相对较好的经营模式。

（4）实证分析与规范分析相结合的方法。本书对海南省国营橡胶经营模式的现状、取得的成就和存在的问题进行实证考察，通过对国有橡胶各种经营模式的利弊进行实证分析，扬长避短、趋利避弊，从而针对现存的问题和弊端提出相应的对策措施和政策建议。

3. 技术路线

本书的技术路线如图1-2所示。

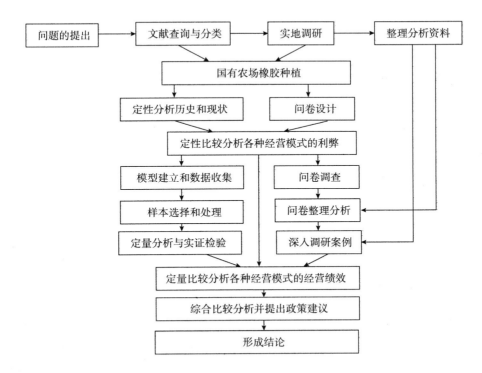

图1-2　本书分析研究的技术路线

（1）首先，对本书相关概念进行界定，明确研究的内容和范围，并提出研究的两个前提假设；其次，对有关天然橡胶产业的前人研究成果以及相关理论进行梳理，分析相关研究的不足之处，并把投入产出理论、分层次理论、交易费用理论和规模经济理论等应用到天然橡胶产业的经营模式研究中，构建分析框架。

（2）对海南橡胶经营模式进行实证考察，先对海南农垦橡胶经营模式的历史发展进程进行归纳和总结，分为几个主要阶段进行考察，归纳出几种主要模式，然后对海南橡胶现行的经营模式进行调查，调查后进行分类阐述，比较各农场经营模式的异同点，定性分析比较各种经营模式的利弊。

（3）对海南农垦总局进行访谈，深入田间地头对各农场的胶农进行问卷调查，获取第一手数据和资料，选择几种指标体系对国有橡胶种植情况和经营绩效进行评价和考核，从产量、利润、农民收入到生产效率全面地、定量地对各种经营模式进行逐个评价和比较，并分析国有橡胶各种经营模式存在的问题。

（4）运用 DEA 方法对海南农垦三种经营模式的技术效率进行测算和比较，并对影响技术效率的两个因素——纯技术效率和规模效率进行分解和评价，从投入和产出两个角度对技术效率提出改善方案，尽量减少投入的冗余并实现产出的最大化。

（5）根据以上分析和研究结果，对海南橡胶可持续发展提出一些可操作性强的对策措施和政策建议，为其他植胶区提供参考和借鉴，并为海南农垦的经营管理体制改革献计献策。

四、数据来源与调研说明

1. 数据资料来源

本书所用的数据主要来源于以下几个方面：

（1）通过《中国统计年鉴》《海南统计年鉴》《海南农垦经济与社会发展统计资料》《中国天然橡胶五十年》《中国农垦五十年》《海南农垦天然橡胶五十年》《海南省农垦 50 年统计资料汇编：1952-2001》和海南农垦网、国际橡胶研究组织、国际橡胶研究与发展委员会、天然橡胶生产国协会、联合国粮农组织等官方网站获得数据，对世界、中国和海南农垦天然橡胶产业发展状况做系统的描述。

（2）通过中国期刊网、中国优秀博硕士论文全文数据库（中国知网）、三大农业数据库、*Wiley-Blackwell*、*ProQuest* 国外学位论文、*EBSCO-BSP*、*Springer* 等相关数据库获取相关二手数据和资料，对相关概念和理论基础部分进行研究。

（3）关于海南农垦天然橡胶生产的经营模式的研究目前还比较少，因此在经营模式的绩效和效率等方面的统计还较为欠缺。本书将根据研究设计和研究内容对研究所涉及的数据进行实地调研，以获得第一手资料。调查的对象包括：海南农垦总局（总公司）、典型农场、承包大户及职工家庭等与天然橡胶生产密切相关的各个环节。

2. 调研情况说明

海南农垦各年的投入产出数据主要采取访谈海南农垦总局的方式获取，如海南农垦整体历年的天然橡胶种植面积、收获面积、产量、职工人数、职工收入以及与天然橡胶有关的一些数据；海南农垦每吨干胶成本费用表由海南农垦总局财务处提供。海南农垦 49 个农场的投入产出数据及成本费用表则是通过问卷调查和走访农场的方式获得的，访问农场经营管理部、财务部的工作人员获得了国有胶园和股份胶园的相关数据，并通过采访各农场职工获得自营经济的相关数据。

五、研究内容、创新之处与未来研究方向

1. 本书结构与研究内容

根据拟定的研究目标，本书的研究内容主要分为七个章节，具体安排如下：

第一章为导言。该章提出本书所要研究的主要问题，阐明研究目的与意义、研究内容和方法，介绍数据来源和技术路线，指出本书可能的创新点和不足之处。

第二章为文献综述、相关理论与分析框架。该章主要对国内外现有的相关研究进行简要回顾和评述，对一些基本概念进行界定和阐述，对相关的理论进行梳理并提出前提假设和分析框架。

第三章为国内外天然橡胶主产地生产状况及经营模式分析。该章主要介绍了天然橡胶主产国泰国、印度尼西亚、马来西亚、印度和越南的天然橡胶生产状况，并对经营模式进行了简要分析，以期借鉴国外效率比较高的经营模式应用于海南天然橡胶，同时对广东和云南产区天然橡胶的经营模式进行了对比分析。

第四章为海南农垦天然橡胶生产的发展历史与现状分析。该章主要阐述海南省天然橡胶种植和生产的发展历史，并对计划经济和改革开放以来这两个时期中所经历的不同经营模式进行定性的阐述和定量的评价。

第五章为海南农垦天然橡胶生产经营模式及面临问题分析。该章主要对海南农垦正在实行的三种主要经营模式进行分析，并针对这三种经营模式分别选取一个经营绩效处于中等水平的农场作为典型案例，阐述其基本情况和主要绩效，比较各种模式的优缺点。

第六章为海南农垦天然橡胶生产经营模式的效率分析。该章主要对海南农垦天然橡胶生产进行实证研究，应用 DEA 模型对海南农垦天然橡胶三种经营模式的技术效率、纯技术效率和规模效率进行测算与分解，测算不同经营模式在不同农场的效率情况。

第七章为不同经营模式技术效率的比较分析。该章主要对三种不同经营模式的成本收益、技术效率、纯技术效率和规模效率进行比较和分析，从定量角度比较三者的优劣性，从而针对每种经营模式的情况提出优化方案。

第八章为提高海南农垦天然橡胶生产效率的政策建议。该章针对现有各种模式存在的问题，对政府、海南农垦局、各农场以及承包大户和职工提出一些建设性的政策建议。

2. 创新之处

（1）研究对象的选择有一定的创新。因为海南农垦在天然橡胶产业中具有突出地位，所以本书对海南橡胶种植经营模式的研究主要集中在农垦系统。但是以往对海南农垦天然橡胶的研究主要集中于产业现状、现存经营管理体制存在的问题和对策措施上，而本书主要从经营模式的角度来研究海南农垦经营模式的历史沿革和现有状况。

（2）研究方法的配合使用有一定的创新。以往的研究大多采用 CD 生产函数对影响干胶产量的几个因素进行回归分析，或是用 DEA 方法测算职工家庭长期承包这一种模式的生产效率。本书拟对海南农垦天然橡胶生产的各种经营模式进行分析，在调查研究的基础上，先应用 DEA 模型对职工家庭长期承包、股份合作制及职工自营胶园三种模式进行综合评价，再进行各个模式的比较分析，以探寻具有趋势性的结论。这种配合使用的研究方法，在研究海南橡胶生产经营模式方面可能是一种创新。

（3）对最适宜模式选择的对策建议有一定的创新。不同的经营模式分别适应不同的内外部条件，在目前的内外部条件下，股份合作制是相对效率最高的、最适合天然橡胶生产的经营模式，本书就提高股份合作制的生产效率提出相应的政策建议，这既可能是前人所忽视的，也可能是一种创新。

3. 未来的研究方向

本书对天然橡胶生产经营模式的研究仅以海南农垦为研究对象，因而只是一次有益的探索，由于海南橡胶集团公司还处于改革的关键时期，未来改革的方向还不明朗，此时研究海南农垦的天然橡胶生产经营模式，在数据的获取和调研的过程中会遇到种种困难和阻力，因此本书的研究存在一些不足之处，这些问题和不足也是在后续的研究中应该注意和改进的，笔者认为以下问题可以作为未来研究的方向：

（1）对于股份合作制和职工自营胶园，由于统计数据的不规范和不连续，以及保密和其他原因，部分数据不够准确且统计样本量过小，在以后的研究中应加以改进。

（2）本书的研究仅以国有的天然橡胶为对象，民营橡胶的分散性造成数据获取极其困难，因此未把民营橡胶纳入研究范畴，而随着民营橡胶的不断壮大和发展，其已经成为发展海南天然橡胶产业一支不可忽视的力量，有望在不久的将来在产量上超过国有橡胶，因此下一步应加大对民营橡胶的研究力度。

（3）中国天然橡胶生产区域主要集中于海南、云南和广东，本书仅以海南地区为例，云南和广东两省的天然橡胶生产经营模式各具特色，广东以纯粹国有为主，云南则以民营橡胶为主，因此，后续的研究应把这两者的经营模式与海南进行深入而细致的比较分析。

（4）本书对国外天然橡胶主要生产国经营模式的研究较少，因此下一步可以以各个主要产胶国为研究对象，与中国的天然橡胶生产经营模式进行比较分析，这样做对于提出中国天然橡胶产业的发展对策更有裨益。

（5）由于适宜种植天然橡胶的土地面积有限，天然橡胶三大农垦都在积极实施"走出去"战略，其中广东农垦走在全国的前列，而海南、云南则处于起步阶段，但是对于它们的研究都还是空白，"走出去"战略实施状况、利弊分析、对策措施及三大农垦的对比研究可以成为今后天然橡胶研究的方向和重点。

第二章 文献综述、相关理论与分析框架

一、文献综述及简要的评价

（一）国内的研究成果

中国天然橡胶的发展可以追溯到 20 世纪 50 年代，当时为应对美国等资本主义国家对中国的封锁，开始种植天然橡胶，但真正意义上把天然橡胶作为一个产业来进行研究，要追溯到 20 世纪 80 年代末期至 90 年代初期。21 世纪初，随着中国经济发展的步伐加快，中国对天然橡胶的需求量也逐步上升，到 2001 年，中国对天然橡胶的消费量居全球第一，这就促使许多学者把研究焦点集中到天然橡胶这一新兴产业上，从不同的角度对天然橡胶展开研究。研究成果主要包括以下几个方面：

1. 关于经营模式

经营模式的概念在 20 世纪 50 年代就已经提出，但直到 20 世纪 90 年代才引起人们的关注。经营模式的研究在中国起步较晚，但近几年也取得了一些研究成果。学术界对于经营模式的概念没有形成统一的观点，有经营模式、商业模式、商务模式等（基于对利润的追求，我们认为，本质上看这些概念都是等同的，故以下研究对于这几个概念不做区分）。从研究经营模式的视角出发，主要有以下观点：

南京大学教授钱志新认为，所谓商业模式就是企业市场价值的实现模式。企

业必须借助商业模式进行价值创造、价值营销和价值提供，从而实现企业价值最大化。商业模式应该回答的问题是，向什么顾客提供价值，向顾客提供什么样的价值，怎样为顾客提供价值等（钱志新，2007）。华中科技大学管理学院教授田志龙认为，商业模式建立在对外部环境以及自身的资源、能力的假设之上，因此，没有一个商业模式适用于任何企业，也没有一个商业模式永不过时。行业内的企业出于对成功的模仿，往往会出现"趋同"（田志龙等，2006）。曾福生（2011）认为，农业经营模式是农业经营形式与农业经营方式的有机统一，前者是制度变迁的内容，后者属于技术进步范畴。以专业农户为基础的适度规模的精准农业是农业经营模式的主导模式，农业经营模式的创新需要政府加大宏观调控和扶持力度，深化农村经济体制改革，加快土地流转，积极发展农业规模化、专业化和服务社会化，强化科技和人才支撑体系建设。

有学者指出，造成农业生产经营组织模式现存问题的原因在于技术约束方面。李尧（2013）指出，我国农业技术水平长时间停留于较低层面。王庆功等（2016）指出，由于缺乏人才和研发投入，农业技术创新能力不强，只能实行粗放式农业生产经营。周海琼（2018）认为，我国以家庭为基本单位开展的农业生产，规模较小，而且市场集中度非常低。黄祖辉（2018）从农业产业内部成员角度分析得出，我国农业产业组织存在异化现象，还存在主体行为扭曲等问题。徐旭初和吴彬（2018）指出，我国农民合作社的运营水平较低，规模经济难以实现，竞争优势无法体现，认为合作社的经营层次总体偏低。姚飞（2018）认为，农业组织创新的最显著和最集中的空间载体形式为农业产业集群。

关于农业产业组织模式，陈定洋（2016）对供给侧改革背景下现代农业产业中的联合体这一组织形式进行了研究，指出了现代农业产业联合体产生的三大诱因，即农业生产链分工细化、农业技术变革、农产品市场格局转变。孙红绪和石伟平（2018）以宜昌美合蔬菜种植专业合作社为例，分析了"合作社+基地+农户"的经营管理模式在建立高标准蔬菜基地、合作社协商运营模式和集约化生产、利益联结机制方面的优势，认为这种模式是提高蔬菜标准化程度和品质、控制成本的重要路径。戚振宇等（2020）认为，农业产业化组织模式作为一种制度安排，与农村土地制度、农村金融制度等正式制度和法制观念也存在互补性。岳双喜（2019）指出，农村金融制度的改革影响新型农业的发展，农村金融制度要跟上新型农业制度发展的脚步。

各位学者从不同角度对经营模式展开的分析都有合理的因素，也有不全面的地方。例如，有学者认为经营模式是要素的集合，明确了经营模式的构成，认为经营模式是企业日常运作规范，说明了经营模式对于企业整个经营活动的影响，但是没有突出经营模式对于企业的价值创造功能。栗学思（2003）从盈利逻辑角度研究经营模式有一定的创新性，但他没有突出企业整合资源的过程。

2. 关于橡胶生产的经营模式

周钟毓（2000）回顾了中国天然橡胶业创建、探索、改革、发展的艰辛开拓历程，总结了不同时期国有和地方橡胶产业经历的各种经营模式，展望了 21 世纪中国天然橡胶业科研、生产、市场的发展前景。陈家成（2000）回顾了海南农垦国有农场橡胶产业经营机制的改革历程，主要有职工家庭农场、风险抵押承包经营及岗位责任制，指出实行职工家庭承包国有资产经营责任制是历史和现实的必然选择，并提出了实施的内容和原则。

陈家成（2008）回顾了海南农垦改革的发展轨迹，即经历了职工家庭农场、场长负责制、国有开割胶园长期承包、以产计酬、定产管理等几次重大改革，提出应实行职工参股的国有橡胶的股份制改革，按照现代企业制度加强企业管理。匡春华（2003）指出，云南西双版纳农垦推行的橡胶生产家庭承包经营改革空前调动了胶工的积极性，但也指出其他群体的利益分配改革滞后，出现了胶工收入普遍高，两级机关及其他从事加工、运胶、幼林管理、护林保胶等一线工人收入相对较低的现象，并分析了改革对管理层提出的新要求。

肖端云（2004）对云南农垦推行"长期承包，资产保全；定额上缴，剩余归己；随行就市，三费自理；盈亏自负，年度微调"的橡胶土地及资产职工家庭承包经营的情况进行了概述，分析了实施的背景、过程和成效，得出了职工多产胶、收入创新高的结论。曾海联（2003，2008a，2008b，2008c）分析了在海南农垦改革发展被省委、省政府确定为 2008 年"1 号工程"的背景下推行"公司发包、家庭经营、定量上缴、超产分成、市价结算"的长期承包办法的原因是其经营体制存在严重弊端，并分析了该长期承包办法给农垦和职工带来的好处，提出了在实行过程中应重视的思想认识、承包经营者、核株定产以及统分结合等问题。

莫光福（2008）回顾了海南农垦开割胶园经营模式的变迁概况，从最早的建设兵团、承包责任制、等级工资制、联产计酬到兴办职工家庭农场，再到职工家庭长期承包、联产、实产计酬等方式。杨云飞（2008a，2008b）提出，要使海南国有开割胶园职工家庭长期承包制度改革顺利进行，必须处理好四大关系，即解决好新承包方法与旧观念的关系、企业利益和职工分配的关系、岗位大小与充分就业的关系、短期行为与长期发展的关系。

符孟彪和曾顺勋（2008）对海南农垦的家庭长期承包与农村的内部家庭承包进行比较，指出两者的区别在于发包主体、承包主体、标的性质、统分结合的程度不同，并提出建议与对策。毛新翠和李智全（2009）对海南农垦实行的"完成上缴、剩余归己、统一收购、市价结算"开割胶园职工家庭长期承包制度进行了探析，分析了这次长期承包的主要特点以及与过去承包制度改革的区别，长期承包的优点和难点，并提出完善这种承包制度的建议。庞启武（2009）在分析海南农垦改革发展的现状并对其改革前景进行展望时，提出要积极探索"公司+基地+农户"或其他经济联合体的经营模式，橡胶经营逐步向规模化、产业化、标准化方向发展。

胡光明（2010）提出了对完善家庭农场经营机制的思考，分析了重新认识家庭经营模式的合理性以及家庭经营与规模经营的统一性，并提出了改善和创造家庭经营条件与环境的具体措施。吕林汉（2011）认为，应该创新橡胶加工经营模式，促进橡胶加工由省内为主向省外和国外合作经营转型；创新种植模式，促进橡胶种植由省内为主向省外和国外延伸发展转型；创新企业经营管理模式，促进橡胶产业由传统经营方式向国际化方式转型；创新科技品牌的国际化经营模式，促进橡胶产品由产业链低端的传统产品营销向产业链高端的品牌营销转型。

黄冠（2018）通过对广垦橡胶集团有限公司跨国产业链形成的历史回顾，分析了产业链模式的合理性和必要性，并提出了相应建议。李金涛等（2019）提出，根据我国橡胶产业的结构特点可以将其分为国有和民营两个植胶主体，国家应在政策上给予两个主体更公平的平台，让其相互吸取彼此的优势。

3. 关于橡胶种植的投入产出分析

许海平等（2011）应用 C-D 函数建立了海南天然橡胶生产函数，分析了资本、劳动力、技术等对海南天然橡胶发展的影响程度。他们根据海南省农垦 88 个农场天然橡胶的数据，建立随机 C-D 前沿生产函数，分析海南农垦天然橡胶生产技术效率，研究发现，年均干含，年均每公顷有机肥使用量、化肥施用量，胶工人数，年均每公顷开割株数以及年均每公顷压青是影响生产技术效率的主要因素。他们利用随机前沿方法、DEA 及其全要素增长率方法，测算了海南天然橡胶技术效率并对全要素增长率进行了分解（许海平和傅国华，2008，2010；许海平和张德生，2010）。

傅国华和许海平（2005）应用 C-D 函数建立了海南天然橡胶生产函数，研究发现，加大资本投入、提高人力资本水平、加快科技发展速度等对海南天然橡胶发展的影响最为重大。傅国华和许海平（2007）基于广东湛江农垦的天然橡胶相关数据应用数据包络方法对天然橡胶生产效率进行研究，结果表明，湛江农垦天然橡胶生产的整体效率较高。

范红霞（2005）和范红霞等（2005）应用 C–D 函数建立了海南省天然橡胶生产函数，研究表明，干胶产量与年均干含、年均每公顷有机肥使用量、年均每公顷开割株数、年割刀数、年均每公顷压青和胶工人数是相关的。龚国光（2005，2006）以及龚国光和刘依庆（2007，2008）选取了 2002 年 1 月 2 日至 2004 年 7 月 15 日的天然橡胶 7 月期货合约价格与现货价格作为研究对象，在采用 ADF 方法进行单位根检验的基础上，使用 EG 两步法研究了两个非平稳时间序列的协整关系，得到的结论是中国天然橡胶期货价格与现货价格间不存在协整关系。

肖作良（2006）利用 Engle-Granger 检验法分别检验了中国铝和天然橡胶两个期货品种的期货价格和未来现货价格的协整性，并给出了它们各自的误差修正模型。毛旭强和傅国华（2006）利用典型相关分析方法，研究了海南农垦橡胶经济增长的性质，指出其增长属于内生性经济增长，增长动力源于橡胶开割面积和技术进步，制约因素源于橡胶从业人员的数量和素质。

邓须军对海南省天然橡胶产业进行了截面分析、比较分析、模型分析等经济学分析，建立天然橡胶生产预测模型并分析了天然橡胶产业对海南经济的贡献率，提出产业发展的对策和建议。许多学者运用多元线性模型对海南农垦天然橡胶进行经济分析，揭示产业发展状况，为海南及热带地区的天然橡胶产业发展提供参考（邓须军和傅国华，2006a，2006b；邓须军等，2007；邓须军和李玉凤，2009）。

金璟（2006）应用面板数据模型方法，针对橡胶企业的特点，建立了橡胶生产函数模型、成本函数模型和规模效率模型，通过模型分析了农场职工家庭承包经营制改革对经济绩效的影响，剖析了改革意义及引起的经济和收益变化。冯娟等（2007）和冯娟等（2009）运用灰色系统理论的 GM（1，1）模型与新陈代谢 GM（1，1）模型，对上海期货交易所的天然橡胶期货品种的价格进行预测，结果显示后者比前者精确度高。张德生等（2007）、张德生等（2010）应用 DEA、VAR 方法测算和评价了天然橡胶生产效率。

黄世国等对海南国有与民营天然橡胶的综合生产成本及其构成的调查结果进行比较，得出启示：规模不等于效益，规模出效益要具备一定的条件，两者只有和谐发展才能实现共赢，产生出规模效益（黄世国等，2007；黄世国和韦明，2007）。陈伟强和李芹（2007）根据天然橡胶生产的资料和消费资料数据，建立了面积、产量和市场消费量的回归方程，对未来 10 年的天然橡胶供需差额进行了预测。杨焰平和陈伟强（2008，2009）应用多元典型相关分析并结合2003年时间序列线图描述性分析，对云南农垦集团天然橡胶生产和可持续发展进行了研究，结果表明，今后在云南省内大面积发展空间很小，要实施"走出去"发展战略，企业内部管理优化的重点是控制植胶成本、提高橡胶成林数量、加大科技投入等。

胡卫东和傅国华（2007）、胡卫东（2008）、胡卫东等（2008）通过调查海南农垦天然橡胶生产投入产出状况和管理水平，使用数据包络方法，研究了海南农垦天然橡胶生产中各生产要素的投入产出能力和效率层次。研究结果显示，海南农垦天然橡胶生产效率存在有效和弱效两个层次，有效是主要的，弱效是次要的。

李英毅和魏宏杰（2009）采用协整、误差修正模型以及Granger因果检验方法定量地探讨了中国天然橡胶消费量与GDP的关系，研究表明，天然橡胶消费与经济增长之间存在协整关系，存在从经济增长到天然橡胶消费的单向因果关系。叶生贵和刘锐金（2008）、叶生贵等（2009）应用全要素生产率增长率的随机前沿生产函数模型来估算中国农垦一二三产业资源配置效率为全要素增长率所做的贡献。

刘海清和张以山（2011）运用C-D生产函数构建了海南农垦天然橡胶生产函数模型，以海南农垦1995~2009年天然橡胶生产的有关数据为例，测算出海南农垦天然橡胶产业科技进步贡献率为80.04%，说明科技的发展对海南农垦天然橡胶产业做出了较大的贡献。魏宏杰等（2011）采用HP滤波法将1970~2008年全国、农垦和民营以及三大植胶区的天然橡胶生产分解为波动序列和趋势序列两部分，结果表明，中国天然橡胶产量波动对农垦产量波动最为敏感，对海南的产量波动最为敏感，对单产波动最为敏感，未来中国天然橡胶的增产空间与国家的目标值相差较大，保增长的任务艰巨。樊孝凤（2016）构建了向量自回归（VAR）模型来研究美元汇率对中国天然橡胶现货价格的影响，并找出全乳胶价格与美元指数之间的关系。陈林等（2017）针对产量减少和价格长期低迷现象，运用VAR模型研究天然橡胶收储政策对价格的影响，提出国家要对天然橡胶进行供给侧结构性改革。刘锐金（2017）研究了人民币汇率对天然橡胶与合成橡胶现货价格、天然橡胶期货交易的影响。邹文涛等（2017）采用协整分析和向量自回归模型研究了石油价格变动对天然橡胶市场的影响，认为近几年国际天然橡胶价格波动加剧，已严重影响到天然橡胶的正常生产和使用。

4. 关于中国与世界的橡胶种植

傅国华（1995）、傅国华和许能锐（2006）、傅国华和许海平（2007）、傅国华等（2008）针对"种胶不如买胶"的观点，从天然橡胶资源的再生性、干胶的市场需求与市场价格变化、经济发展对天然橡胶生产的影响等七个方面进行深入分析，认为巩固和发展中国天然橡胶业是必要的，前途也是光明的，提出加强中国天然橡胶产业发展研究的必要性，其核心问题是降低生产成本，提高产品的竞争力。

王锋（2001，2003）和黄循精等（1995）描述了 1950～2001 年纽约市场天然橡胶价格变化走势并据此分析天然橡胶市场前景。林位夫和周钟毓（1999，2000）以及林位夫等（2002）对 21 世纪初中国天然橡胶生产与消费趋势进行了研究，认为生产量和消费量将持续增长。

许海平和傅国华（2007a，2007b，2007c）建立世界天然橡胶消费需求模型对天然橡胶供给与需求进行实证分析，根据模型对 2005～2010 年世界天然橡胶消费量进行预测。从经济学角度证明了天然橡胶与合成橡胶在一定程度上可以相互替代，之后还对中国天然橡胶安全指标进行了系统探讨。

张玉梅（2006）根据天然橡胶的流通特点，运用需求弹性和供给价格弹性估算结果，构建了由供给和需求、价格、流量等约束方程和目标方程共同组成的天然橡胶市场空间模型，模拟估计了区域国对中国天然橡胶市场供给、需求、价格和进出口的影响。黄循精等对世界主要产胶国家如印度尼西亚、泰国、马来西亚、越南、印度以及中国等的生产和销售现状进行了分析，并且对美国、韩国、日本、中国等天然橡胶进口消费国家进行了分析；指出由买方主导天然橡胶国际价格的市场已经结束，天然橡胶国际联盟的形成对国际价格上涨产生越来越大的影响；对全球天然橡胶的生产、进出口、消费和库存，未来天然橡胶产量、消费量和价格进行了估计，并预测和展望未来全球天然橡胶的供求与价格（黄循精等，1993，1995；黄循精，2003，2006；黄循精和王强，2004a，2004b，2004c；黄循精和黄艳，2006a，2006b）。

王冬生（2006）分析了国内天然橡胶供求现状和国内的采购现状，指明了天然橡胶产业未来的发展方向，即应建立天然橡胶的战略储备，增加上海期货市场的交易品种和积极实施"走出去"战略，进行合成橡胶的替代研究，提高合成橡胶的使用比例。林爱京（2007）在介绍中泰天然橡胶贸易现状的基础上，明确了中泰两国天然橡胶产业发展趋势，分析了中泰两国天然橡胶生产、消费、进出口情况及贸易存在的问题及原因，提出了相应结论和对策建议。王军等（2009）介绍了马来西亚针对小胶园发展的主要扶持机构及采取的主要扶持政策，扶持政策包括统一管理、资金筹措、技术服务、质量监控等，这些政策有力地促进了马来西亚小胶园的发展。

郭又新（2011）总结了越南政府天然橡胶产业政策的经验，如善于利用后发优势，以大中型国有橡胶企业为主，发展规模经济，推动橡胶产业多样化发展以及橡胶产业政策"走出去"等，这对中国天然橡胶产业的发展具有一定的借鉴价值。江军和方佳（2011）对世界各主要产胶国的种植选择做出总结，提出中国天然橡胶产业供给安全对策，即从政策上加大对小胶园的改造管理与扶持力度，实施天然橡胶良种补贴，对天然橡胶实行指导价收购政策，建立胶农合作社。罗萍等（2011）对广东天然橡胶产业的发展现状和主要经验进行分析和总结，指出广东天然橡胶栽培中存在的问题，并从合理选择种植品种、科学管理新一代胶园、加强科研与科技支撑等方面提出促进广东天然橡胶产业发展的建议。

张成光（2017）分析了越南天然橡胶的出口贸易竞争力，有关市场占有率、相对贸易优势指数、显示性比较优势指数和出口增长率的分析表明，印度尼西亚的出口潜力最大，其次是泰国、越南、马来西亚和科特迪瓦等国家。林心如（2017）在 AEC 的背景下提出，需要提升中国和泰国之间天然橡胶产业的合作层次，促进双方技术和投资的合作，不断扩大中国市场并合理有效地控制天然橡胶价格波动。卢琨（2017）采用 SWOT 分析中国天然橡胶产业的发展，提出五个对策建议：合理调整橡胶品种布局及改善低效胶园；完善天然橡胶补贴机制和产业风险保证；提高橡胶的单位产量；改良天然橡胶品种选育；鼓励企业"走出去"在海外投资。陈胜楠（2018）从中国橡胶制品行业发展角度分析，提出了中国需要完善企业结构、提高管理制度水平、加强内部企业管理、完善技术和培养人才等对策建议。徐扬川（2018）对中国海南天然橡胶产业发展提出了几个建议：要加强天然橡胶的生产能力和技术水平；积极引导农户发展合作组织；为了提高市场竞争力，应该提高农民的收益、生产水平并降低成本；加大对橡胶产业的扶持力度；在胶园套种其他经济作物，注重科技创新以及建立橡胶种植风险保障机制。

5. 关于橡胶种植面临的问题与对策

黄宗道（2001）分析了中国天然橡胶业在国际国内所处的地位以及面临的挑战，提出了改革国有农场经营管理制度、改革割胶制度，提高劳动生产率、提高单产水平、培育新品种和加强高新技术研究等发展战略。王锋（2002）指出，中国天然橡胶业当前存在国有植胶企业未能实现自身良性经济循环、富余人员多且就业压力大、生态环境日益变劣等不利于持续发展的因素，提出应采取深化国有植胶企业改革，加强科技推广，加强新品种选育以及新技术的研究和应用，加强植胶环境保护等措施，以确保中国天然橡胶业的可持续发展。

叶德林等指出，中国天然橡胶产业当前面临的问题包括农垦企业人员过多、社会负担重、社会成本大、就业压力大、生态环境恶化等，他们提出了实施天然橡胶可持续发展的主要措施，包括加大农垦企业改革力度、加快科技推广、加快新品种选育以及加强植胶环境保护等（叶德林，2011，2003，2006，2007，2010；叶德林和李祥明，2006；叶德林和陈刚，2010）。唐卓贤和谢平（2004）通过海南天然橡胶产业发展的国际比较，分析加入世界贸易组织后海南天然橡胶产业发展面临的挑战和机遇，并从加大投入、解决社会保障问题以及建立国际储备调节机制等方面提出财政对策。

李普旺等（2005）阐述了中国天然橡胶产业的现状及市场前景，在此基础上分析了国际环境对中国天然橡胶产业的影响和中国天然橡胶产业存在的问题，最后提出了发展建议。潘升煜（2006）分析海南天然橡胶产业的现状，指出整合后实现产业结构调整存在规模小成本高、束缚于农场模式、未能形成系统的产业体系、产业结构不合理等问题，提出加入世界贸易组织后海南天然橡胶产业的发展对策。许道顺和许升锋（2006）对天然橡胶的国际、国内、省内三个层次供需格局的现状和原因进行比较分析，指出海南天然橡胶产业存在生长周期偏长、产出效益偏低、产业优势偏弱、市场营销渠道偏窄、综合成本偏高等问题，提出海南橡胶产业要达到"培育国际竞争力，提升产业化经营"目标，可以通过实施"四大发展战略"实现。

陈鹰和黄茂芳（2006）分析了天然橡胶消费情况、加工布局调整情况、加工布局调整后原料胶供应与市场情况，指出主要在政策措施配套、资金投入、技术支撑、原料胶收购管理等方面存在问题并提出措施与建议。蒙绪儒（2008，2009）指出，海南天然橡胶防护林建设存在对风害寒害认识不足、抗风抗寒的橡胶品种少、种植布局不合理及防护林面积逐年减少等问题，并提出了相应的措施。

岳国华（2008）在分析改革发展形势的基础上指出，海南农垦天然橡胶产业存在生产成本过高和产业发展规划滞后两大问题，并提出城乡"一体化"的改革理念、实施"走出去"战略和倾斜产业扶持政策等建议。陈秋波（2009）分析了世界天然橡胶生产与销售的历史、现状，对世界天然橡胶消费进行了预测，提出了存在的问题与挑战。他认为，中国天然橡胶要保证甚至提高自给能力以便满足不断增长的需求，主要依靠国内单位面积产量的提高、"走出去"发展战略的实施和科技支撑能力的加强。

傅新（2009）提出，中国天然橡胶产业的发展关键在于解决技术落后、资源不足、规模不经济等问题，他分析了国际金融危机对天然橡胶价格的剧烈冲击，认为危机虽然会影响短期内的销售收入，但从长远看也为天然橡胶产业的升级改造和能力建设创造了一个有利时机。刘建中和陈积贤（2010）在分析了云南天然橡胶产业发展概况的基础上，提出发展天然橡胶产业的思考和提议，主要有完善经营机制、推进全省产业资源整合、优化种植布局和品质结构、科技兴胶、实施"走出去"战略和加强对天然橡胶产业发展的组织领导等。

韦优等（2011）分析了广西植胶区恢复发展天然橡胶产业存在种植区域有限、周期长、见效慢及成本高，缺乏抗寒、抗风的高产新品种，缺乏高效栽培配套技术以及科研经费投入严重不足和科技支撑力量薄弱等问题，提出应合理规划，保证植胶园可开发利用，加大经费投入，尽快恢复橡胶科研事业的对策措施。王继祥（2011）对海南、广东、云南三大天然橡胶产区"走出去"发展进行对比分析，了解其发展现状和存在的问题，即海外产业发展缺乏中长期规划、对外经济合作政策令人担忧、资金短缺、复合型人才匮乏以及国内橡胶企业在国际市场中谈判能力弱等，并提出了相应的对策。

何勇（2016）分析中国与东盟国家在天然橡胶原材料、合成橡胶、天然橡胶制品方面的竞争性与互补性，提出应对竞争、深化合作的建议。夏飞（2017）认为，中国天然橡胶供给严重不足，弃管改种等问题导致产量下降，进口关税未能有效抑制进口，导致中国天然橡胶进口依存度长期处在高位。于慧媛（2016）研究中国与东南亚天然橡胶产业合作，提出要加大金融支持力度、输出产业资本、做强期货。

6. 关于 DEA 模型理论和应用的研究

随着中国对农村改革的不断深化，利用 DEA 非参数的 Malmquist 指数方法对农业全要素生产率的研究也日益增多，国内文献主要可以分为对中国农业全要素生产率的测算分析和对农业全要素生产率的应用分析。具体表现在：李谷成（2009）运用该方法对转型期中国农业全要素生产率增长的时间演变和省区空间分布进行实证分析。李尽法和吴育华（2008）运用 Malmquist 指数方法考察了1999~2006 年河南省农业全要素生产率的变动趋势。何新安等（2009）使用Malmquist 指数方法对 1993~2005 年广东省农业全要素的变动趋势进行考察，指出技术进步是 TFP 增长的主要推动力，并分析了地区水平差异。周贤君（2010）运用 Malmquist 指数法测算了 1985~2008 年湖南省 14 个市州农业全要素生产率水平及其变动趋势。李伟（2010）基于 Malmquist 指数方法对河北省徐水县农业生产率进行测算，得到 TFP 变动及其分解值，并通过农业投入冗余效率分析来提出对策建议。金怀玉等（2011）利用 DEA－Malmquist 指数方法对安徽省农业全要素生产率进行实证分析，指出其变动的影响因素是技术变化等。

张雪松（2016）利用数据包络分析方法理论，计算出黑龙江省各县级市的农业生产效率，指出制约黑龙江省农业生产效率的影响因素，为黑龙江省农业生产发展路径提供参考。谭忠昕和郭翔宇（2019）利用超效率 DEA 模型对我国三大区域和 31 个省级行政区的粮食生产效率进行测度，优化了粮食生产要素配置，提高了生产效率。蒋硕凡等（2021）建立了地区农业循环经济评价指标体系，创新地将超效率 DEA 方法运用到农业循环经济效率评价领域，解决了现有传统 DEA 方法难以区分有效效率值的问题。郭小青（2020）借鉴数据包络分析方法对秸秆能源化利用建立了投入产出比的效率评价模型，并利用此模型分析了 2011~2018 年我国 30 多个省份的秸秆资源能源化利用效率值，给出了在降低资源投入的同时提升产量的相关建议，以提高我国秸秆能源化利用的生态效率。DEA 方法广泛应用于农业生产方面，是有利于改进农业生产的有效方法。

（二）国外的研究观点

自有天然橡胶栽培历史以来，世界天然橡胶产业在向前发展时无不遵循着一定的关联性。有关资料显示，在可持续发展中运用先进的方法与手段研究产业发展的关联性，选择合适的投入水平及最优控制，能够获得这一资源的良好效果及延缓收益递减出现等。

1. 关于经营模式

Zott 和 Amit（2008）认为，经营模式是为企业提供一个如何与股东相互配合的模板，包括客户、供应商和其他参与交易的利益相关方。Amit 和 Zott（2010）认为，经营模式是用于解释企业绩效的一种结构，它的作用越来越受到人们的关注。Birkinshaw（2000）以及 Winter 和 Simor.（2006）认为，企业开发经营模式的目的是执行企业战略、促进产品市场定位和推出新举措。

Shi（2009）通过整合不同文献中关于经营模式概念的一般实质和特征，构建经营模式框架和风险结构，他认为，经营模式的四个要素是交易模式、组织模式、资源模式和财务模式。Bornemann（2009）认为，经营模式的要素有内容、结构、治理和交易，并且确定四种用于解释经营模式价值创造潜力的设计主题是效率、新颖、锁定和补充。

Caredda（2020）认为，经营模式是组织如何从其运作中创造和获取价值的一个临时的"模板"，能为公司的活动发展提供必要的稳定性，同时也能使企业实施变革成为可能。Demil（2010）认为，经营模式是指企业在不同领域间的一系列活动，其设计目的是为客户创造价值，研究经营模式有两种方法：一是静态方法，研究核心组成要素之间的一致性，二是动态方法，作为处理组织内或模式本身变化和创新的工具。

哈佛大学教授马克·约翰逊（Mark Johnson）、克莱顿·克里斯坦森（Clayton Christensen）和 SAP 公司的 CEO 孔翰宁（Henning Kagermann）把经营模式的三个要素概括为："客户价值主张"，指在一个既定价格上企业向其客户或消费者提供服务或产品时所需要完成的任务；"资源和生产过程"，即支持客户价值主张和盈利模式的具体经营模式；"盈利公式"，即企业用以为股东实现经济价值的过程（Johnson，2010）。

亚历山大·奥斯特瓦德（Alexander Osterwalder）和伊夫·皮尼厄（Yues Pigneur）在 2005 年发表的《厘清经营模式：这个概念的起源、现状和未来》一文中将经营模式定义为，"经营模式是一种包含了一系列要素及其关系的概念性工具，用以阐明某个特定实体的商业逻辑。它描述了公司所能为客户提供的价值以及公司的内部结构、合作伙伴网络和关系资本等用以实现（创造、营销和交付）这一价值并产生可持续、可盈利性收入的要素"（Tucci et al.，2008）。

Pelegrinov 和 Pekov（2011）通过对斯洛伐克东部企业的调查来找出最有效和效率最高的经营模式，以支持在特定地区的企业革新活动，并且介绍模型变量之间的因果关系。Huelsbeck 等（2011）认为，经营模式是描述管理者如何使企业取得成功的理论依据，探索经营模式的决定因素并进行实证检验。

Zook 和 Auen（2011）通过对大量多年一直获得高利润的企业进行研究，得出的结论是，经营模式是可以复制的，并且企业的差异化政策越明显，企业的竞争优势就越强，只有不断实施差异化政策才能使企业创造可持续的利润增长。Spector（2011）论述了经营模式管理及其与约束理论之间的关系，认为经营模式已经成为一个重要的价值创造者，新企业的新模式正威胁和取代传统企业的经营方式，企业的经营模式管理作为一个潜在的约束条件，是现代管理理论的一个主要因素。

Girotra 和 Netessine（2011）认为，企业可以通过创新其经营模式来减少收益、成本结构和资源变化给企业造成的冲击，而且可以通过增加风险来创造价值。经营模式创新的成本远比产品和技术创新要低，它能彻底改变企业的盈利方式。

以美国为代表的现代农业和科技农业主要为农业一体化经营模式，其农业经营较为成熟，形成了小麦、大豆等种植带，在世界上有一定的优势。20 世纪 50 年代，美国很多企业直接建立工商农联合的农业公司，形成产、供、销一体化的生产模式。这种生产模式中，农业公司一般处于支配地位。生产是以家庭农场为依托的，农业公司和农场形成共同体内部的关系，农业收益在公司和农场之间进行分配。农业公司资金雄厚、技术水平高、组织规模大、市场敏感，比家庭农场更具竞争力。农场根据生产的需要，与不同的农业公司签订农产品供应、服务和销售合同，明确约定农产品供应、服务和销售的地点、时间、数量、质量、价格等要素。农业公司与农场以合同的方式联合在一起，降低了市场的风险和交易成本，提高了经济效益（Weber，2018）。

Carletto 等（2013）提出，家庭农场规模的发展离不开农业生产的机械化程度和专业化水平，而美国家庭农场的发展态势则是规模扩大、数量缩减。Medina 和 Almeida（2015）对巴西家庭农场的经营模式进行分析，提出不能照搬其他地方的经营模式和发展经验，需要根据本地区的实际情况，结合地方性差异和制约因素，因地制宜地探索本地的特色模式。Mooney（2015）提出，生产经营规模的大小、土地租赁的时长、土地经营权和所有权的归属等是家庭农场发展的主要成因。Cavicchioli（2015）提出，农业生产结构、农业生态环境、从事农业生产活动的劳动力的多少和文化水平的高低等是影响家庭农场的重要因素。

农垦从本质属性上看是一个以从事农业经营活动为主的农业企业，农垦企业的目标主要有产量最大化、利润最大化和职工收入最大化。因此，农垦的经营模式也应当具备一般企业经营模式的内涵和内容，即经营模式也是实现企业绩效的一种方式，应当包含交易模式、组织模式、资源模式和财务模式四种基本要素，并以实现企业价值和职工价值为最终目标。

2. 世界各国的橡胶生产和政策

Howard（1941）分析了合成胶的发展情况及其对当今世界市场形势的影响，指出促进合成胶发展的力量不仅是经济性的，而且是国家性的，最主要的经济力量是合成胶多用途的技术优势，美国是世界上最大的橡胶消费国和进口国，引起了橡胶供给国的关注。Knorr（1946）介绍了"二战"后美国的橡胶政策、在东南亚橡胶市场的政策调整以及和平年代美国合成胶工业概况。他指出，政府促使市场均衡的干预计划主要有四个要素，即补贴、国际橡胶研究、国际协议和调节性库存储备。Barlow（2011）评价了橡胶种植产业在各国出口收入中所占的主要份额，介绍了天然橡胶原材料的特性以及天然胶和合成胶的生产分布，分析了各国绝对消费量和需求增长率的不同。Stubbs（1988）介绍了国际天然橡胶协议重新谈判的情况，第一次协议于 1987 年到期，因为协议能够起到稳定国际市场天然橡胶价格的作用，所以说服生产国和消费国重新进行谈判。经过艰难的谈判之后，一项新的协议终于达成。Brendon 等（2005）介绍了天然橡胶的生产、分类和性质，如天然橡胶的黏性、黏性稳定性和品质（如黏稠度），天然橡胶化合物、混合物的性质，以及天然橡胶的低水平添加剂等。

Chawanon（2014）运用五个方法预测发现，影响中国从泰国进口橡胶需求量的最大因素是印度尼西亚和泰国的天然橡胶价格，而中国人均收入对泰国天然橡胶进口需求的影响较小。Promme 和 John（2017）研究了泰国乳胶手套产业的竞争地位，发现泰国是世界上最大的浓缩天然胶乳生产国，并且产品质量高，因此，泰国在提供乳胶手套的原材料方面具有优势。不过泰国在生产乳胶手套技术方面还是有弱点：制造成本高、劳动力欠缺。Chinprateep（2017）研究了影响泰国天然橡胶出口的因素，发现天然橡胶的需求随着世界经济或人均收入水平的提高而增长；汽车产出的增长也会对天然橡胶的需求产生直接影响。Tanielia（2018）研究了泰国、印度尼西亚、马来西亚和越南在橡胶产业投资的竞争力，发现泰国的利率、通货膨胀率和种植面积等因素与其他主要生产国相比最为有利，但在劳动力、成本、产出增长率和附加值等方面比较不利。

3. 有关天然橡胶的投入产出分析

Vo Hung Son 等（1993）建立随机前沿函数并分析了越南 33 个天然橡胶农场的生产效率（Productivity Efficiency），结论是天然橡胶技术效率指数呈双峰分布。Krishnamoorthy 和 Rajasekharan（1999）应用 Panel Data 模型分析了 Kerala 地区天然橡胶生产的技术效率，研究发现，管理人员数量与胶工数量的比率和科学培训管理人员对解释技术效率有重要的意义，并且不断地培训管理人员能提高天然橡胶的生产效率。Batubara（2002）分析了影响天然橡胶产量的主要因素，通过多元回归分析发现树龄、开割树的数量、割胶频率、施肥、疾病控制、实际用工数量、橡胶生产的环境条件是显著影响因素，通过简单回归发现橡胶的产量与农民利润具有显著的相关性。Lekshmi 和 George（2003）对 Kerala 地区天然橡胶种植面积的扩大进行探测性分析，结果表明，制度支撑的机制下的相对收益性，特别是保护价格政策是天然橡胶种植迅速增加的主要原因。

Melba 和 Shivakumar（2016）认为，价格是解释产出增长的重要因素，并分析滞后价格对天然橡胶生产的影响。Chinprateep（2017）分析了影响天然橡胶价格的需求因素，结果表明，人均收入水平决定着天然橡胶的价格水平，石油价格也会影响天然橡胶的价格。Wattanakul 和 Nonthapot（2019）在泰国政府控制天然橡胶供给量的情况下，分之前及之后两阶段，研究了橡胶汁、未烟胶片和烟胶片价格变化规律并运用 OLS 分析了该价格变化的影响因素，结果显示，影响橡胶汁、未烟胶片和烟胶片价格变化的因素有浓缩天然胶乳的出口量、烟片胶的出口量、标准胶的出口量、世界库存量和汇率等。在控制天然橡胶供给量之前（2018年之前），世界需求与世界库存量的变化会带来价格不稳定，在控制天然橡胶供给量之后（2018年之后），泰国这三个品种的天然橡胶的价格会下降，这意味着世界库存量的持续增加。

4. 天然橡胶的国际市场状况

Graff（2008）分析了影响天然橡胶价格上涨的几个因素，包括原油价格的上涨，恶劣气候使东南亚橡胶园供给长期受影响以及中国和印度需求量猛增，同时分析了天然橡胶的购买商、制造商如何寻找新途径来弥补越来越高的橡胶成本。Moore引用美国RCMA公司副总裁Whitney H. Luckett关于天然橡胶价格不稳定的观点，认为天然橡胶价格要稳定至少需要一年时间，根据商品的循环特性，天然橡胶的价格在未来一段时间内仍会呈现波动趋势（Moore，2008，2011）。Finlay（2009）介绍了2008~2009年美国橡胶工业情况，分析了金融危机引起的汽车和轮胎市场的低迷对天然胶和合成胶的负面影响，即引起这两种原材料价格的下降。Shaw（2009）介绍了马来西亚橡胶委员会主席Dato Kamarul解释的该组织的一些目标和从事橡胶商业的期望，他表示该组织希望能加入碳信用系统，橡胶园主可以通过用橡胶树作抵押来获得碳信用额度，该组织还希望通过基因技术来改变橡胶树基因组，从而生产人类激素类产品。他还陈述了有关橡胶历史的观点，认为天然橡胶是如今世界上应用最广泛的一个橡胶品种，天然胶和合成胶的性质使其拥有巨大的消费市场，并预测未来的橡胶工业将主要集中在耐高温的诸如氟代人造橡胶之类的产品等。Watson（2010）分析了影响天然橡胶价格水平变化的因素，说明天然橡胶只有在成熟的橡胶树上割胶才能获得，指出每年天然橡胶的一般产量是1000万吨，天然橡胶是生产轻型和重型商业车辆轮胎的主要原料。Shaw（2010）指出，目前全球市场上天然橡胶的价格达到了最高点，并分析了影响天然橡胶供需平衡和外汇汇率的几个因素。他还指出，与2008年相比，全世界汽车轮胎的销售量下降了20%，由于投机者的操纵，天然橡胶的价格将继续上涨。

国外研究天然橡胶国际价格的权威机构是国际橡胶研究组织（International Rubber Study Group，IRSG），该机构是关于天然胶、合成胶及轮胎等企业的国际性组织，其对天然橡胶国际价格的研究比较系统、全面，出版物有《橡胶统计简报》《橡胶产业报告》《世界橡胶产业展望》《世界橡胶统计手册》等，在每年发布的季度报告和年度报告中对天然橡胶市场的投产面积、产量、进出口、消费世界库存、供需变化、生产国政策对国际价格的影响都做出了深入的分析。国际橡胶研究与发展委员会（International Rubber Research and Development Board, IRRDB）是一个国际性的研究和发展组织，它汇集了产量占全世界天然橡胶生产95%的所有生产国的研究机构，是一个让世界各国研究机构分享经验和分担问题的平台，研究范围涵盖了天然橡胶的所有方面，从橡胶树的栽培到新产品的开发，出版物有《全球橡胶工业描述》等。

Sangma（2020）研究了泰国天然橡胶每个月产量的影响因素，广义估计方程（GEE）分析显示，降雨量、平均气温、季节和区域等因素会影响泰国天然橡胶每个月的产量。Dejchanchaiwong 等（2019）应用最小二乘法分析了泰国宋卡烟片胶价格的影响因素，研究发现，泰国橡胶工业的信心指数、泰国烟片胶的出口量、棕榈油价格和标准胶的价格对泰国宋卡的烟片胶价格会产生显著的影响，汇率、宋卡的未烟胶片价格、烟片胶的曼谷期货市场价格和烟片胶的出口值等因素则对泰国宋卡烟片胶的价格不会产生显著的影响。Apinga 和 Chalermpon（2020）分析表明，泰国天然橡胶的农场价格、批发价格、出口价格和国际天然橡胶价格之间分别存在相关关系，国际天然橡胶价格波动会影响泰国天然橡胶的农场价格和出口价格，同时出口价格波动也会影响农场价格。天然橡胶的批发价格和国际天然橡胶价格决定了天然橡胶农场价格和出口价格的走向。

（三）对研究文献的简要评价

总体来看，国内学者对天然橡胶的研究较为全面，对世界天然橡胶主产国的生产状况、供需状况、贸易状况、发展趋势和政策都做了详细的介绍和预测，对中国天然橡胶的产业发展现状、市场状况、存在问题、对策措施和未来发展趋势以及天然橡胶政策都做了较全面的阐述，研究内容涉及天然橡胶的供需状况、加工状况、销售情况、国际贸易等方面以及对天然橡胶投入产出的实证研究，取得了较为丰富的研究成果。这些研究成果为海南省天然橡胶经营模式研究奠定了坚实的理论和实践基础，也提供了可借鉴的研究方法和理论指引。但现有文献对海南省天然橡胶的研究存在一些不足之处，主要表现为：

（1）注重对天然橡胶产业的实践研究，而理论研究相对薄弱；对全国天然橡胶的研究较多，针对海南省天然橡胶的研究较少；对新形势下天然橡胶现有经营模式和管理体制改革的研究较多，而对经营模式的历史发展进程的研究相对较少。

（2）对海南农垦天然橡胶产业状况和发展对策的研究较多，而对于民营橡胶的生产现状、存在问题及对策措施等方面的研究则较少；对于民营橡胶的研究主要集中于云南地区，对海南省民营橡胶的研究则寥寥无几。

（3）对于国有和民营橡胶的对比研究仅仅是从生产成本角度进行对比，并没有从整体上对两者的技术效率进行对比研究；对广东、云南农垦"走出去"战略的研究较多，对海南农垦"走出去"战略的研究较少。

（4）在对海南农垦经营模式的研究中，对职工家庭长期承包的研究较多，对股份合作制和职工自营胶园的系统研究较少；在效率评价方面，现有研究大多对第一种模式的技术效率进行测算和分析，却鲜少对后两种模式进行评价和分析，更未见对三种模式进行定性和定量的比较分析。

综上所述，现有文献对海南省天然橡胶的经营模式研究不够系统、全面和完善。

二、研究概念界定

（一）橡胶

橡胶是一种具有弹性和多种特性的有机高分子结构材料，按其来源可分为天然橡胶和合成橡胶两大类。天然橡胶（Natural Rubber）来源于橡胶树。在种植生长的橡胶树干上，用刀割开一道口子，就会流出乳白色树汁，这种树汁叫胶乳，经过收集和凝聚脱水等加工后，便可制得具有弹性的固状橡胶，因为它是由橡胶树天然生成的，所以称天然橡胶。合成橡胶（Synthetical Rubber）是人们采用化学方法人工合成的一种性能类似或超过天然橡胶的新型有机高分子弹性体。天然橡胶与合成橡胶虽来源不同，但性能类似，各具优势，都是国民经济发展、科学技术进步和人民日常生活中不可缺少的重要物资。

（二）天然橡胶产业

到目前为止，还没有一个非常明确的天然橡胶产业的概念。早期把天然橡胶产业定义为橡胶的育苗、种植、收割和加工等所形成的一切农业活动，现在延伸到橡胶产品的生产、加工、仓储、运输和销售等环节，这也使天然橡胶产业的概念有了很大的扩展。

广义天然橡胶产业的概念为，以天然橡胶产品为中心所形成的生产、加工、储运和销售的企业集合；而狭义的概念可采用早期对天然橡胶产业的理解，即以天然橡胶种植与生产为主，辅以与之相配套的加工业。本书研究的核心主要是天然橡胶的生产。

从生产经营角度来划分，橡胶树一生可分为苗期、幼树期、初产期、旺产期和衰老期。

（1）苗期。从种子发芽到开始分枝的这段时间为苗期，历时一年半到两年。苗期的主要特点是，易受外界条件影响，前期生长缓慢，后期生长较快，向上生长特别旺盛，每年可抽生 5~7 蓬叶，高度可达 3 米。

（2）幼树期。从开始分枝到开割前的这段时间为幼树期，历时 4~5 年。这一时期根系的生长、树冠的形成和茎粗增大都很快。

（3）初产期。从开割到割完开割高度内的原生干这段时间为初产期，历时 8~10 年。这一时期产量逐年上升，开花结果增多，自然疏枝随自然郁闭度的增加而增加，风害、病虫害逐渐严重。

（4）旺产期。从割完开割高度原生干至产量明显下降这段时间为旺产期，历时 15~20 年，也就是从植后 14~16 年至植后 30 年左右。这个时期茎粗生长缓慢，抽叶减少，一年只抽生 2~3 蓬叶，自然疏枝普遍发生，树冠郁闭度减少，开始在再生皮上割胶，产量有所增加。

（5）衰老期。从开始降产至更新这段时间为衰老期。大约植后 30 年开始为降产期，这一时期胶树高度、茎粗生长相当缓慢，树皮再生能力差。在树干下部再生皮上割胶产量明显下降，但树干大、分枝粗，可以在树干上部或粗大的分枝上割胶，或者在更新前三年采取强割。

（三）经营模式

经营模式是企业根据其经营宗旨，为实现企业所确认的价值定位所采取的某一类方式方法的总称，其中包括企业为实现价值定位所规定的业务范围，企业在产业链的位置，以及在这样的定位下实现价值的方式和方法。由此可以看出，经营模式是企业对市场做出反应的一种范式，这种范式在特定的环境下是有效的。

根据经营模式的定义，企业首先要有价值定位。在现有的技术条件下，企业实现价值是通过直接交换还是通过间接交易，是直接面对消费者还是间接面对消费者。企业处在产业链中的位置不同，实现价值的方式也不同。

由定义可以看出，经营模式的内涵包含三方面的内容：一是确定企业实现什么样的价值，也就是在产业链中的位置；二是企业的业务范围；三是企业如何实现价值，即采取什么样的手段。

（四）效率

效率是最有效地使用社会资源以满足人类的愿望和需要，即在给定投入和技术的条件下，经济资源没有浪费，或对经济资源做了能带来最大可能性的满足程度的利用，也是配置效率的一个简化表达。它的经济学含义是，社会能从其稀缺资源中得到最多东西的特性。从管理学角度来讲，效率是指在特定时间内，组织的各种投入与产出之间的比率关系，效率与投入成反比，与产出成正比。

生产效率是指固定投入量下，制程的实际产出与最大产出这两者间的比率，可以反映达成最大产出、预定目标或是最佳营运服务的程度，亦可衡量经济个体在产出量、成本、收入或利润等目标下的绩效。

技术效率是指投入与产出之间的关系，在既定的投入下实现产出最大化，或者在生产既定的产出时实现了投入最小化。技术效率的概念最早是由 Farrell（1957）提出来的。他从投入角度给出了技术效率的定义，认为技术效率是指在相同的产出下生产单元理想的最小可能性投入与实际投入的比率。Leibenstein（1966）从产出角度认为技术效率是指在相同的投入下生产单元实际产出与理想的最大可能性产出的比率。

本书提到的效率主要指技术效率，即研究既定投入下的产出最大化和既定产出下的投入最小化，根据海南天然橡胶的投入产出数据，应用 DEA 分析方法计算出各种生产经营模式的技术效率，并将其分解为纯技术效率和规模效率。

三、相关理论

（一）投入产出理论

投入产出理论即产业关联理论，是认识一个国家在一定时期内社会再生产过程之全貌的一种工具，不仅有助于了解国民经济各产业部门的比例关系，也可以作为进行经济预测和经济决策的辅助工具。一般地，产业关联指产业间投入和产出为连接纽带的技术经济联系。产业关联理论是从量的角度，静态考察国民经济各产业部门间技术经济联系与联系方式，即产业间的投入与产出的数量依存关系。投入产出法是经济学与数学相结合的产物，属于交叉学科。

投入产出技术的理论渊源有三个：

（1）法国重农学派经济学家魁奈的《经济表》。研究产业间关系理论的发端最早可以追溯到魁奈用来表明产业间贸易关系的《经济表》。魁奈以简明图式描绘了社会总资本的再生产过程，反映了国民经济各部门间相互依赖的结构关系。

（2）以马克思再生产理论为依据的苏联计划平衡思想。马克思把国民生产分为生产资料和生活资料两大部类的再生产理论对里昂惕夫创立投入产出分析有重要影响。苏联以马克思再生产理论为依据编制了各种主要产品的生产和消耗的棋盘式平衡表。这种思想和魁奈的《经济表》对产品和支出在农民、地主和制造商之间周而复始流通的论述，是投入产出思想的雏形。

（3）瓦尔拉斯的一般均衡理论。19世纪后期，瑞士洛桑大学经济系教授里昂·瓦尔拉斯认为，所有商品的价格是同时在整个经济体系中由总的供求决定的，任何一种商品的需求与供给，不仅是该商品价格的函数，而且是其他所有商品价格的函数。当市场上所有商品的价格恰好使所有商品和劳务的供给量和需求量相等时，市场上全部价格体系就处于均衡，这就是"全部均衡论"。为了论证全部均衡论，瓦尔拉斯还建立了数学模型。

瓦尔拉斯的全部均衡论及其数学模型体现了经济活动间的相互依存性，构成了投入产出分析的基础；里昂惕夫在瓦尔拉斯的一般均衡模型的基础上，对其进行了大胆的简化，从而创立了投入产出分析体系。其实际上是将"一般均衡理论"用于分析现实的经济问题。一般均衡论对里昂惕夫创立投入产出分析方法影响最大。里昂惕夫在理论上接受了"全部均衡论"和马克思的再生产理论，在投入产出表的结构上吸收了苏联国民经济平衡表中棋盘式表格的经验，将现代数学、统计学与经济平衡表结合起来，创立了投入产出分析方法。1936年，里昂惕夫发表了《美国经济制度中投入产出的数量关系》一文，阐述了有关美国1919年投入产出表的编制工作、投入产出理论和相应的数学模型以及资料来源和计算方法。1941年，里昂惕夫出版了他的第一本专著《美国的经济结构（1919–1929）》。

本书应用投入产出理论，研究海南农垦天然橡胶生产种植面积、割胶工人人数、固定资产投入、割胶技术等投入因素与产出即干胶产量之间的数量关系并比较各个农场投入产出效益，干胶产量是决定农垦经营效益的最关键因素，因此，研究经营绩效最大化即研究干胶产量最大化。

（二）交易费用理论

1937年，科斯在《企业的性质》一文中提出了交易费用理论。

科斯以前的经济学家习惯于将市场看作运行良好的，整个经济活动在"看不见的手"的自发作用下得以协调和组织；生产者和消费者根据价格信号来使用各种稀缺资源；市场交易是即时进行的，而且不需要成本；当各种资源的替代或交换率等于各自市场价格的比率时，资源的配置就达到了帕累托最优状态。

这是个很不现实的假设。科斯指出，市场运行并非无本生意，市场经营会有所花费。他在第一次提出交易费用概念的这篇文章中写道：利用价格机制是有成本的。通过价格机制"组织"生产的最明显的成本就是所有发现相对价格的工作。随着出卖这类信息的专门人员的出现，这类成本有可能减少，但不可能消除。市场上发生的每一笔交易的谈判和签约的费用也必须考虑在内。再者，在某些市场中（如农产品交易）可以设计出一种技术使契约的成本最小化，但不可能消除这种成本。在这里，"运用价格机制的成本"就是科斯所说的交易费用。

20多年后在《社会成本问题》中，科斯对交易费用这一概念做了进一步解释。他指出，为了进行市场交易，有必要发现谁希望进行交易，有必要告诉人们交易的愿望和方式，以及通过讨价还价的谈判缔结契约，督促契约条款的严格履行，等等。这些工作常常是花费成本的，而任何一定比率的成本都足以使许多在无需成本的价格机制下可以进行的交易化为泡影。

1991年，科斯在为获得诺贝尔经济学奖而做的讲演"论生产的制度结构"中，也曾谈到交易费用的范畴，即利用价格机制是有费用的：必须去发现价格是什么；要进行谈判、起草合同、检查货物；做出安排解决争议；等等。这些费用被称为交易费用。

科斯认为，交易费用是个极其重要的概念，它的效用遍布于经济之中。商人在决定他们做生意的方式和生产什么的时候必须计算交易费用。如果做一笔交易的费用大于那笔交易带来的利益，那笔交易不会发生或实现从专业化得到的更大的生产。因此，交易费用不仅影响合同，也影响生产什么商品和劳务。不把交易费用纳入理论之中，经济系统运转的许多方面就得不到解释，包括企业的出现以及其他许多东西。事实上，经济活动的一大部分都是为了阻止高交易费用的出现，或为了降低交易费用，使许多个人能自由谈判，能利用哈耶克告诉我们的那种扩散的知识去谈判。

交易费用概念的重要性，从以下数据中可见一斑：按照道格拉斯·诺斯的测算，1970 年美国交易费用占其国民生产总值的 45%；科斯的学生张五常估计交易费用占中国香港国民生产总值的 80%。如果说亚当·斯密时代的经济学家们在构筑经济模型时忽略了交易费用的话，那么现代经济学家无论如何也不能无视如此庞大的一笔费用了。因此，科斯认为将交易费用概念引入分析中将会改变全部经济理论，虽然这可能是一个渐进的过程。

根据科斯的交易费用理论，企业是对市场的替代，之所以企业能部分替代市场，是因为交易费用的存在。奥利弗·威廉姆森则强调了使交易退出市场转而组织内部交易，即进行纵向一体化的必要性。张五常认为，不同交易方式在很大程度上影响交易费用，作为一种成本约束，当其他情况相同时，如果选择了最低交易费用的安排，那么可以实现效率。

海南农垦天然橡胶生产探索和实践了多种经营模式（交易方式），在很大程度上就是为了节约交易费用，现存的职工家庭长期承包经营模式的交易费用包括信息成本、交易合约签订费用、交易履行成本和交易欺诈损失等。信息成本主要包括信息收集成本和传播成本，包括橡胶的品种选择、生产资料购买以及各种种植和加工技术学习的成本，也包括掌握天然橡胶的质量、价格、销售、运输等市场信息的销售成本；交易合约签订费用是指农垦及海胶集团为自己的产品找到销售对象，签订契约订单时，进行价格商定和产品鉴定、联系中间人以及招待交易伙伴或中间人时产生的费用；交易履行成本和交易欺诈损失是指在获取信息、进行质量鉴定、考察对方信誉、监督合约执行等方面存在的风险和损失，这种损失必然要算作成本。因此从交易费用角度看，天然橡胶生产必须探索出一个既能实现交易成本最小化、提高效率，又能实现社会、经济和生态三效益相结合的经营模式。

（三）规模经济理论

规模经济的概念起源于美国，是揭示大批量生产经济性的理论。经过西方一批产业经济学家如张伯伦（Edward Hastings Chamberin）、马歇尔（Alfred Marshall）、贝恩（Joe S. Bain）等的研究和完善后，规模经济理论日臻完善。它作为一门应用经济理论指导着西方企业和产业的高速发展。规模经济最核心的含义是指，在投入增加的同时，产出增加的比例超出投入增加的比例，单位产品的平均成本随产量的增加而降低，即规模收益（或规模报酬）递增；反之，产出增加的比例小于投入增加的比例，单位产品的平均成本随产量的增加而上升，即规模收益（或规模报酬）递减；当规模收益递增时，称作规模经济（Economies of

Scale），当规模收益递减时，称作规模不经济（Diseconomies of Scale）。

规模经济包括四个方面的内容：①生产的规模经济。随着生产规模的扩大，分摊到单位产品上的厂房设备、经营管理等固定成本就会减少。②交易的规模经济。一次大规模的交易比分次的小规模交易加起来更节省时间，交易成本和运输成本也较低。③储藏的规模经济。投入品购买后，产品出售前的集中存放，会因存放数量的增多而使单位储藏成本减少。④专业化分工效益。从动态的角度看，长期的大批量生产交易，将使分工更加细化、专业化，从而产生新的技术、新的设施。正如马克思在《资本论》第一卷中分析的劳动聚集导致专业分工，最终出现机器大工业一样，结果就产生了规模收益递增情形。在这四个方面中，生产的规模经济在规模经济中表现得尤为突出。

规模经济理论着重研究生产规模和经济效益之间的关系，分析收益和成本变化过程。从收益方面看，规模经济有三种变化过程：规模收益递增→规模收益不变→规模收益递减；从成本方面看，也相应有三种变化过程：平均成本降低→平均成本不变→平均成本增加。通常所说的规模经济是指规模收益递增或平均成本降低的现象，即收益增加的幅度大于规模增加的幅度，其边界点是收益增加与规模增加相等。从历史的角度来看，现代经济的发展史同时也是企业规模不断扩大、生产不断集中、企业之间相互兼并、巨型企业不断成长的历史。

海南农垦是中国最大的天然橡胶生产基地，其生产规模和生产集中度在全国所有天然橡胶生产企业中是最大的，从整体上看已经达到了规模经济，但从各个农场单独来看，部分农场仍存在规模不经济。因此，从 2009 年开始，海南农垦对部分农场进行重组和整合，以实现规模效益。本书试图应用计量模型，对各个农场的技术效率进行测算和分解，分别找出影响技术效率的两个因素——纯技术效率和规模效率，发现哪些农场是规模报酬递增、哪些是规模报酬递减，从而找出影响规模报酬递减的主要因素并加以改善，使整个农垦乃至各个农场都实现规模经济。

（四）经济分层次理论

传统的经济增长或发展理论把经济当作混沌的整体来研究资金、土地、劳动力、技术、制度等全要素对经济体增长与发展的影响，创建了许多理论与学说，如资本论、级差地租理论、劳动分工理论、人力资源理论、技术创新理论、新制度经济学、信息经济学等。每个要素对经济增长的影响都被剖析得入木三分，形成了成熟的理论体系。在综合前人成果的基础上，海南大学傅国华教授致力于研究"分层次管理"与"经济分层次增长",他认为,经济层次如同资金、土地、劳动力、技术、制度等要素,是影响经济增长的一个重要因素。而且,这个要素客观上一直影响着其他要素功能与效率的发挥。在过去的经济学研究中,这个要素常常被忽视,往往被经济的"完整性概念"所掩盖,不易被单独识别。面对不同经济发展层次,按层次需要调整影响要素投入的政策变量,能提高政策效能,有利于引导按经济层次需要投入要素,更加有效地配置各个层次经济体的要素资源,促进其充分发挥作用,优化其产出能力,实现经济总量的更多增长。具有求同性的"一刀切"政策很难同时满足各个不同层次的经济体的实际需要,如果强行执行"一刀切"政策,不能实现不同层次的经济体的最优增长,而且会造成政策性交易费用增加和政策性经济损失。

海南农垦下属各农场的历史背景和经济发展状况存在不同程度上的差异,因此,为提高橡胶生产效率,在橡胶生产经营模式上也不能搞"一刀切"的同一种模式,而应该根据不同地区农场的气候、地势等特征和橡胶品种抗寒、抗风特点,分层次地推行不同的经营模式,才能促进资源的更有效配置和经营绩效的进一步提高。本书试图以效率作为划分层次的标的,通过研究决策单元(DMU)综合对各个农场的技术与规模效率进行层次划分,为分层次管理经济生产活动提供技术依据,同时为提高经营模式的效率提供理论依据。

四、研究前提假设与分析框架构建

(一)前提假设

假设1:理性的经济人。即橡胶的种植者、经营者及管理者都是理性的经济人,从事任何经济行为都是从理性出发,以实现利润和效益最大化为目标,建立生产函数模型的目的也是整合各种投入要素的有限资源,以实现产出效益和生产效率的最大化。

假设2:生产要素的配置不存在路径和政策障碍。即天然橡胶生产的各生产要素能够在各生产部门、各领域、农垦与地方之间自由流动,不存在路径依赖,不存在政策方面的偏倚和倾斜,也不存在制度障碍。

（二）分析框架构建

本书的分析框架为，市场需求→经营模式→要素配置→经营绩效。即市场需求决定经营模式，经营模式决定要素配置，要素配置决定经营绩效，经营绩效提供市场供给。

随着世界经济的不断发展，对天然橡胶产品的市场需求也越来越大，而中国天然橡胶的国内供给量增长却十分缓慢。在这种形势下，应从根本上改变要素组合方式及资源配置方式，而资源配置方式的改变必然体现在经营模式的转变上，使经营模式更加适应要素投入产出的需要，而不同的经营模式又会产生不同的经营绩效和经营效率，经营模式的选择根本上是为了提高生产效率和经营绩效，在有限的投入要素和资源配置下实现效率最大化，最终实现天然橡胶产品供给量的最大化，只有如此才能适应中国不断增长的天然橡胶的需求量。

第三章　国内外天然橡胶主产地生产状况及经营模式分析

一、世界天然橡胶生产、贸易、消费状况概述

（一）生产状况

天然橡胶原产于南美洲亚马孙河流域，当地印第安人用土法制作成盛水器、橡胶球等橡胶制品，现已遍及亚洲、非洲、大洋洲、拉丁美洲等40多个国家和地区。种植面积较大的国家有印度尼西亚、泰国、马来西亚、中国、印度、越南、巴西、斯里兰卡等，其中前六国的植胶面积和产量占世界的90%。自1904年以来，中国分别将天然橡胶引进到云南、广西、广东、福建和台湾等地。目前中国天然橡胶主要分布于海南、广东、云南三大主要植胶区。

自1876年英国人魏克汉（H. Wickhan）从巴西引进橡胶树以来，世界天然橡胶种植已有130余年历史，天然橡胶在世界上形成了一大产业。根据联合国粮农组织（FAO）的统计数据，2020年全世界天然橡胶收获面积为1313.14万公顷，产量为1278.2万吨。其中，亚洲生产961.76万吨，占世界总产量的75.24%；非洲生产53.26万吨，占世界总产量的4.17%；美洲生产37.94万吨，占世界总产量的2.97%；大洋洲生产0.75万吨，占世界总产量的0.06%。2020年产量排在前六位的国家分别是泰国、印度尼西亚、中国、马来西亚、印度和越南，中国产量为69.3万吨，占世界总产量的5.42%。收获面积排在前六位的国家是印度尼西亚、泰国、马来西亚、中国、印度和越南，其中中国收获面积为116.1

万公顷，占世界总面积的 8.84%。2020 年东盟国家总产量为 862.15 万吨，占世界总产量的 67.45%，并将所产天然橡胶的绝大部分用于出口。1971~2019 年世界、中国、东盟、其他国家天然橡胶收获面积及产量情况如图 3-1 和图 3-2 所示。

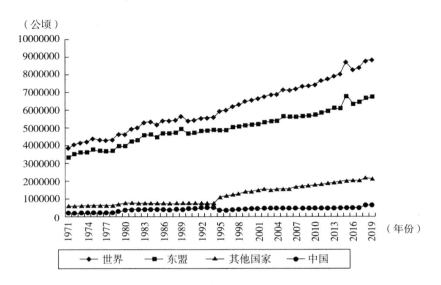

图 3-1　1971~2019 年天然橡胶收获面积情况

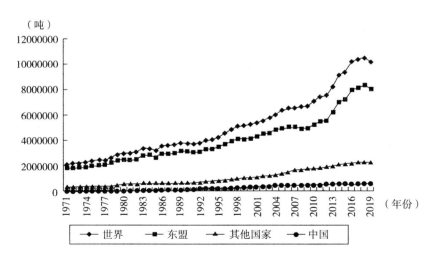

图 3-2　1971~2019 年天然橡胶产量情况

由图 3-1 和图 3-2 可以看出，东盟国家天然橡胶产量的走势决定着世界天然橡胶产量的走势；传统天然橡胶主产国产量的增长将缓慢于新兴天然橡胶主产国产量的增长；未来世界天然橡胶产量的增长贡献主要来源于单产的提升而不是收获面积的增长，而且主要是新兴天然橡胶主产国单产的提升。未来世界天然橡胶收获面积将难以有大幅度的增长，收获面积的增长主要来源于新兴天然橡胶主产国收获面积的增长。

（二）贸易状况

亚洲天然橡胶种植区是目前世界最大的天然橡胶产区，陆地面积大、地理纬度广，亚洲东部、东南部和南部最适合天然橡胶的生长，因此，东盟是全球出口天然橡胶最多的地区，其中泰国是全球最大的天然橡胶出口国，其次是印度尼西亚、马来西亚和越南。东盟国家的天然橡胶大部分都出口到中国、美国、日本等国家，这三国的进口量在全球排名前三位（见图 3-3）。

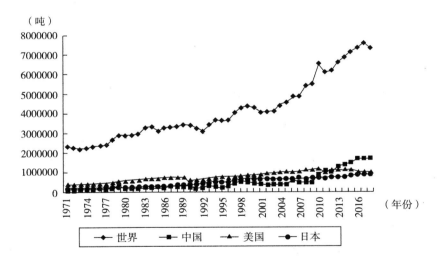

图 3-3　1971~2018 年天然橡胶进口情况

从以上数据可知，全球天然橡胶进出口量整体上呈现逐年提高的态势，但贸易的格局正在发生变化，中国、美国、日本三国天然橡胶进口量左右着世界天然橡胶进口量的格局，泰国、马来西亚、印度尼西亚、越南四国天然橡胶出口量左右着世界天然橡胶出口量的格局。传统发达国家的天然橡胶进口量呈现逐年下降态势，而发展中国家的天然橡胶进口量却呈现逐年上升态势；传统天然橡胶主产

国出口量呈现逐年下降趋势，而新兴天然橡胶主产国出口量呈现逐年上升态势
（见图3-4）。

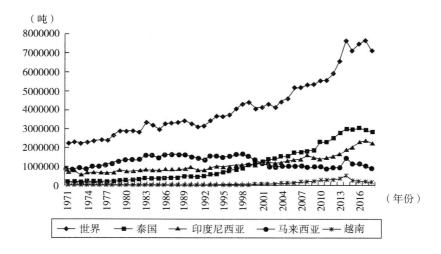

图 3-4　1971～2018 年天然橡胶出口情况

（三）消费状况

全球经济稳步增长，以汽车为代表的天然橡胶终端需求同步增长，导致天然橡胶消费性需求刚性增长，并带动天然橡胶投资性需求增长。轮胎企业是天然橡胶的使用大户，全球轮胎制造行业的天然橡胶需求量占全球天然橡胶总产量的70%多。汽车销量直接影响天然橡胶市场价格和销量。随着世界经济发展和人口增长，弹性体工业的重心从西方转移到东方。自1986年起，亚太地区就成为最大的天然橡胶消费区，1996年消费份额占世界的43.3%，1998年降至40.9%，2000年恢复到44.0%，2019年中国消费量占全球的28%（见图3-5），欧洲消费量占全球的13%，印度、美国及日本都在5%以上，亚太地区至今仍然是世界上最大的天然橡胶消费区。自亚洲经济危机过后，经济复苏，全球2/3的国家天然橡胶消费量在增长。天然橡胶消费份额增大的国家和地区有中国、印度、巴西、中国台湾、印度尼西亚、土耳其、波兰、瑞典、葡萄牙、乌克兰等；德国和俄罗斯的消费额明显下降。2010～2019年天然橡胶消费量排前10名的国家如表3-1所示。

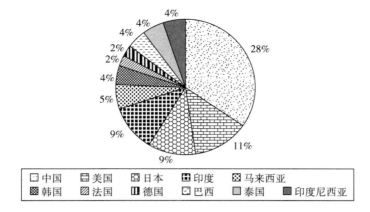

图 3-5　2019 年全球主要天然橡胶消费量区域分布

注：还有 12% 是其他国家的总和，这里仅是主要天然橡胶消费量区域。

表 3-1　2010~2019 年世界主要天然橡胶消费国消费量　　　　单位：万吨

国家和地区	2010 年	2011 年	2012 年	2013 年	2014 年	2015 年	2016 年	2017 年	2018 年	2019 年
中国	85.2	108.0	136.1	158.7	190.7	210.3	232.8	259.9	274.0	275.0
美国	111.6	119.5	97.4	111.1	107.9	114.4	115.9	100.3	101.8	104.1
日本	73.4	75.2	72.9	74.9	78.4	81.5	85.7	87.4	88.8	87.8
印度	61.9	63.8	63.1	68	71.7	74.5	78.9	81.5	85.1	88.1
马来西亚	34.4	36.4	40.1	40.8	42.2	41.4	38.7	38.3	45.0	46.9
韩国	33.3	33.2	33.2	32.6	33.3	35.2	37.0	36.4	37.7	35.8
法国	24.0	27.0	28.2	23.1	30.0	23.0	23.0	22.0	22.0	19.8
德国	22.6	25.0	24.6	24.7	25.1	20.9	26.3	26.9	28.3	21.4
巴西	18.4	22.7	21.6	23.3	25.6	28.5	30.2	28.7	32.8	35.2
泰国	22.7	24.3	25.3	27.8	29.9	31.9	33.5	32.1	37.4	39.7
印度尼西亚	11.6	13.9	14.2	14.5	15.6	19.6	22.1	35.5	39.1	41.4
世界	664.6	731.6	733.3	755.4	794.4	870.1	906.9	932.9	988.4	972.6

资料来源：国际橡胶研究组织（IRSG）。

从以上数据可知，全球天然橡胶消费量整体上呈现逐年提高的态势，发达国家由于自身不能种植天然橡胶、劳动力成本高、转移环境污染等因素，逐年把天然橡胶制造业向发展中国家转移，因而天然橡胶消费量呈现逐年减少的趋势，而发展中国家因处于发展初期，天然橡胶的消费量呈现逐年增加的趋势。

二、国外天然橡胶主产国生产状况及经营模式

(一) 泰国

泰国是世界最大的天然橡胶生产国和出口国,从 1900 年开始种植橡胶,20 世纪 60 年代中期种植面积已达到 118.8 万公顷,在扩种和更新中选用了高产无性系。由于加大了投入,提高了管理水平,促进了产量增加。自 1991 年以来,泰国成为世界上天然橡胶最大的生产国和出口国,2020 年种植面积达到 311.76 万公顷,总产量达 435 万吨,每公顷产品为 1395 千克,2019 年天然橡胶产品 80%用于出口,出口量 280 多万吨,出口创汇 67 亿美元。亚太地区为其主要出口地,该地区进口量占泰国出口量的 67%,主要有中国、日本、马来西亚、美国、韩国等。由于国内制造工业发展,泰国国内消费量也在增加,过去 10 年中,每年以 10%的速率增长(天然橡胶增长率为 9%),2019 年消费量达 39.7 万吨。泰国天然橡胶的主要品种包括烟片胶、标准胶和浓缩胶乳,天然橡胶的消费主要集中在轮胎、乳胶手套和胶带等领域。

泰国天然橡胶种植经营主要有国有橡胶园和民营小胶园两种模式,其中 95%以上的产量来自私营小胶园,只有约 5%的产量来自大型的国营胶园。目前,全国有 600 多万人从事橡胶种植,1 万多人从事橡胶加工和贸易。近年来,由于国际市场对天然橡胶需求量的增加且天然橡胶一直处于高价位,泰国政府加大了天然橡胶的发展力度,2014~2016 年在东北部和北部扩增了 16 万公顷的种植面积。

总体来看,泰国政府对橡胶产业的重视程度是相当高的,而经营橡胶的企业几乎没有社会负担和更多的税费,且政策优惠。对天然橡胶生产所采取的主要政策与措施有:

(1) 对橡胶种植业实行免税政策。因为橡胶种植业利润率低,90%的胶园由农户种植,农民收入低,种植橡胶是个扶贫项目。

(2) 多方筹措资金,增加天然橡胶投入。泰国胶园更新和扩种的资金来源于以下几个方面:国家预算拨款;从天然橡胶出口中每千克提取 0.9 铢,而这笔费用的 85%又返回到胶农种植、开垦和更新上;向联合国有关机构申请资助;向世界银行等金融机构贷款,贷款利息由国家支付。

（3）发放补助金。国家对胶农更新胶园给予补助，每更新 1 公顷胶园，政府补贴 42500 铢（约合 1105 美元），补助金按更新进程分 5 年发放，部分以现金形式发放，部分以种苗、化肥、农药等实物形式支付。向在泰国橡胶协会注册的小户胶农发放每莱（约合 0.16 公顷）土地 33 美元的直接补贴，上限为 500 美元。内阁解决橡胶价格问题的措施包括：①为登记注册的橡胶园提供每莱 1800 铢补助，但补助面积不超过 15 莱。②为全国 8 万个乡村铺设橡胶公路。③缩小橡胶林种植面积，对于不适合种植橡胶树的地区，将采取替代农作物种植方案。

（4）免费给农民进行技术培训，如培训割胶及胶园管理等；免费提供橡胶质量检验，发放产品质量证书。

（5）对天然橡胶实行指导价收购政策。当国际市场胶价下跌、市场不稳定时，政府为了保护胶农利益，实行指导价收购天然橡胶的政策。

（二）印度尼西亚

印度尼西亚（以下简称印尼）橡胶种植面积居世界首位，是世界天然橡胶第二大生产国和出口国。2020 年印尼橡胶种植面积达 363.9 万公顷，总产量达 402 万吨，每公顷产品为 1105 千克。在印尼的天然橡胶中，标准胶（SIR）所占比例逐年上升，2019 年高达 95.4%，而烟片胶（RSS）所占比例逐年下降，仅占 2.8%，这是印尼天然橡胶的一个特点。印尼天然橡胶加工能力强且企业规模较大，企业年生胶加工能力为 2 万~6 万吨，生胶质量稳定，多为米其林等跨国轮胎公司所直接采用。

印尼胶园有民营和国有两种经营模式，其中 86% 为民营小胶园，14% 为国有胶园，民营橡胶园在整个印尼的橡胶产业中占主导地位。近年来，国有橡胶业发展缓慢，产量仅占全国总产量的 13.9%，但民营橡胶发展迅速，所占比率从 2010 年的 77.6% 上升到 2019 年的 86.1%，民营橡胶园在整个印尼的橡胶产业中占主导地位。限制印尼橡胶产业发展的主要因素是单位面积产量、割胶水平和组织化程度低，市场发育不健全。但与泰国和马来西亚相比，印尼具有得天独厚的土地资源和劳动力资源优势。2000 年以来，印尼增加了天然橡胶种植和管理的投入，在橡胶面积有所减少的情况下，产量却有所增加，显示出了巨大的发展潜力。

目前，印尼政府启动了天然橡胶产业扶持计划，包括：胶园更新计划，大胶园每年更新 5%，小胶园每年更新 1%；橡胶种苗生产计划和天然橡胶扶持基金筹措计划。更新计划全部完成后，印尼将可能取代泰国成为世界上第一产胶大国。

为促进和发展天然橡胶的生产、加工和销售，印尼于 1971 年成立了印尼橡胶经营商联合会，成员包括橡胶园主、生产商和贸易公司。该会负责天然橡胶的相关统计工作，并制定印尼标准橡胶（SIR）的标准和技术规格。生产和加工技术研究由印尼橡胶研究院总体负责，主要开展小胶园建植、植胶区生产与土地管理方法及评价、小胶农的技术系统、橡胶农林系统可持续发展与技术评估、橡胶种植系统改革等方面的研究。印尼总统佐科已经下令公共工程部直接向农户和合作社采购橡胶，从 2018 年 12 月起开始采购橡胶，采购价为每千克 7500~8000 卢比。

（三）马来西亚

马来西亚是世界上第四大天然橡胶生产国和出口国，是世界医用胶乳制品最大的生产和供应基地，也是医用输液管及胶丝的主要供应者。橡胶在马来西亚经济发展中起着重要作用，并且是国家的战略储备物资。20 世纪初期，马来西亚天然橡胶的种植面积是世界最大的，1910~1940 年达到 156 万公顷，70 年代后期天然橡胶的种植面积达到 200 万公顷，位居世界第一。之后，由于天然橡胶种植面积的缩减和劳动力的缺乏，天然橡胶的产量大幅度下降。近几年，世界天然橡胶市场需求量的增长和天然橡胶价格的暴涨，拉动了马来西亚天然橡胶产量的回升。2020 年收获面积为 107.29 万公顷，总产量为 150.21 万吨。2019 年天然橡胶产量的 86% 用于出口，出口量为 74 万吨，出口创汇 24 亿美元。天然橡胶占国民生产总值 GDP 的 6.5% 和出口总量的 4.5%，出口的天然橡胶产品有烟片胶、标准胶和胶乳等。橡胶工业从业人员达到 5.9 万，其中有 4 万人从事胶乳工业的生产。

马来西亚橡胶种植有民营和国有两种经营模式，其中以民营小胶园为主，种植面积占 90% 以上，产量占 94%，国有种植面积仅占总面积的 10%。十年来，国有和民营种植面积都有不同程度的下降，其中民营减少了 19.4%，国有减少了 50.1%，减少幅度较大。产量方面，国有橡胶产量减幅很大，从 24 万吨减少到 7.1 万吨，减少了 70.4%，民营橡胶产量有所增加，产量达 110 万吨，增长了 29.6%；单产方面，民营低于国有，国有为 1372 千克/公顷，民营为 1296 千克/公顷，近十年单产均有提高，国有增长了 22.5%，民营增长了 36.7%[①]。

马来西亚在发展天然橡胶的过程中所采取的主要产业政策与措施有：

第一，加强垦区的基础设施建设。政府大力增加天然橡胶垦殖地区的公益性投资，发展交通和社会服务设施，如公路、排水设施、水电、医疗和教育等，大

---

① 杨连珍. 马来西亚天然橡胶生产分析［J］. 世界热带农业信息，2006（1）：10-11.

大改善了橡胶生产基地基础设施和社会环境。鼓励移民垦荒、发展橡胶，以每户高达 1.5 万美元的安置费移民到热带林区发展橡胶等热带作物，其住房等设施均由政府负责。

第二，政府资助小胶园发展。为了扶持小胶园发展，从 1977 年起，小胶园主每更新 1 公顷胶园，政府为其提供 2956 马元（约合 621 美元）的补助金。另外，每公顷附加 247 马元（约合 52 美元）的额外津贴。补助金分期发放，资金来源于橡胶出口税和国外贷款，每出口一吨天然橡胶征收 36.71 美元的更新税。有时更新费用入不敷出，出现这种情况时，政府拨出专款资助小胶园更新。2019 年，马来西亚橡胶生产激励项目（RPI）计划提高橡胶生产激励补贴，促进橡胶产量提高。

第三，高度重视科学研究和推广应用新技术。小胶园发展局等单位对各地小胶园的橡胶生产技术进行免费培训，派技术人员深入到胶园进行指导，免费提供技术设备；马来西亚橡胶研究院是世界上最大的单一作物科研机构，主要职能是从事橡胶树新品种选育、丰产栽培、割胶制度、胶园病虫害防治、胶园生态以及橡胶加工等方面的研究和技术服务工作，对苗木质量进行监控。

第四，马来西亚橡胶委员会制订了振兴天然橡胶业的三点计划：一是使小胶农有合理的收入；二是使橡胶产品制造业有足够的橡胶原料；三是使家具业有足够的橡胶木供应。为实现该计划，政府推广胶木优良品种，各部门全力合作和支持橡胶生产，成立橡胶产品促销委员会。

（四）印度

印度是世界第五大天然橡胶生产国，居泰国、印度尼西亚、中国和马来西亚之后。2020 年收获面积为 81.8 万公顷，总产量为 114.68 万吨，自 2006 年以来，印度天然橡胶单产一直位居世界第一，2020 年单产为 1402 千克/公顷，已经超过了泰国。同时，印度是世界第四大天然橡胶消费国，2018 年消费量为 88 万吨，仅次于中国、美国和日本。快速增长的天然橡胶生产在相当一段时间内仍无法满足国内的加工需求，从 20 世纪 90 年代到 2000 年，印度一直是天然胶及其制品净进口国。进入 2001 年后，印度虽成为纯出口国，但出口量所占国际份额尚不足 1%。在封闭的贸易体制的保护下，印度的进口天然橡胶成本偏高，导致国家外汇吃紧。

印度国内有 5000 多家橡胶加工厂，但绝大部分是年加工量不足 100 吨的小型加工厂，加工能力差，而且国际市场上廉价多品种的橡胶制品给国内橡胶加工业带来了严重的冲击，因此其橡胶工业迫切需要降低生产成本、提高产品质量。

但由于缺乏有效的组织、管理和运作，增加产品竞争力的进程极其艰难，唯一的优势就是拥有众多熟练工和相对廉价的劳动力资源。

为了提高天然橡胶产量，尽早实现天然橡胶自给自足，印度除了进行胶园更新外，大量采用新技术和新种植材料以及在非传统植胶区扩种橡胶，现在已经在北纬22°～28°的东北部地区试种。尽管资金短缺，政府仍在力所能及的范围内为发展天然橡胶提供拨款。印度政府鼓励发展天然橡胶生产的主要政策与措施有：

第一，更新补助。更新及扩种1公顷天然橡胶无偿补助5000卢比（约合700美元），如采用高产品系另加补贴1800卢比（约合252美元），不足部分由印度橡胶局协助向银行贷款，给予约3%的贴息。对未开割胶园由政府半价供应化肥。

第二，相关扶持补贴。胶园种植覆盖作物补贴种子费的25%；购买胶园植保机具补助所需费用的50%；对季风性落叶病进行合作防治者补贴其成本的50%；提供优良种苗，只收种苗成本的75%，在非传统的东北地区植胶则免费提供种苗。

第三，对天然橡胶实行保护价格。补助金来源于橡胶税收，橡胶制品厂购买1吨干胶，应向橡胶局缴纳500卢比的税收，用来作为补助金，不足部分由政府拨款补充。

第四，重视天然橡胶科研及科技普及推广。印度橡胶局和橡胶研究所先后成立，针对天然橡胶的种植、栽培、加工及消费进行科学性、技术性和经济方面的研究。

（五）越南

越南是世界第六大天然橡胶生产国，橡胶种植始于1923年，发展于1960～1962年，近期发展较快，2020年橡胶种植面积为97.35万公顷，开割面积为62.22万公顷，总产量为161.5万吨，出口橡胶68万吨，出口创汇12亿美元。橡胶产品为越南的重要出口创汇商品，出口仅次于食品业，橡胶产业也成为越南第二大出口创汇产业。长期以来，越南的橡胶加工能力很差，加工水平较低，越南橡胶出口以橡胶原胶出口为主，出口产品主要是标准胶、浓缩胶乳、复合橡胶和烟片胶。此外，由于越南本国的橡胶消费水平很低，生产的橡胶产品中90%用于出口。越南目前是世界上第四大天然橡胶出口国，60%出口到中国，其余部分出口到美国、韩国、日本和欧洲。

越南橡胶生产有国有和民营两种经营模式，国有胶园面积占总面积的42%，民营胶园占58%。国有农场实行职工家庭承包责任制。越南橡胶总公司是越南最大的橡胶经营公司，下辖40家子公司、39个农场和30个加工厂，其产量占整个国家橡胶总产量的70%。越南橡胶总公司的橡胶生产水平较高，单产达到1720千克/公顷，明显高于其他橡胶生产区的平均水平。该公司出口量也很大，主要出口到中国，2019年出口量达31.6万吨，占全国总出口量的56.9%，因此，越南橡胶总公司是越南橡胶业发展中的主力军，也是橡胶业获利最大的单位。

越南政府非常重视橡胶业的发展，为促进其发展，成立了橡胶协会来维护橡胶行业的利益，制订进出口计划，建立与国内外的橡胶商务关系等。国家设立专业的橡胶研究院，加强农业科技和技术应用推广，促进了产业的提升。1993年，越南颁布了新的土地法，给农户充分的土地使用权，降低农业税，由10%减为5%或全减免，调动了农民的生产积极性。越南政府认为，国际市场需求的快速增长和优惠的价格是天然橡胶产业发展的良好机遇，政府鼓励天然橡胶出口，各种形式的天然橡胶（包括复合橡胶）的出口税均为零。越南植胶界认为产业面临的挑战是：植胶土地有限，新植胶区已经发展到无植胶历史的次适宜区，这些地区相对比较落后，需要长期信贷支持；农民居住分散，管理困难。

三、中国天然橡胶主产地生产状况和经营模式

中国于1904年引入了橡胶树，至今已有百余年的历史，但天然橡胶的大规模种植是在中华人民共和国成立后。中华人民共和国成立初期，面对十分复杂的国内外形势，为满足国防和经济建设的需要，党中央决定建立自己的天然橡胶生产基地。该基地是于1952年在被世界橡胶权威列为"植胶禁区"的北纬18°~24°和东经100°~120°的海南、云南、广东和广西等热带、亚热带地区创建起来的，这是世界上最大的热带北缘的橡胶生产基地，推翻了植胶权威在南纬10°和北纬15°以外地区不能种植橡胶树的论断。

经过半个多世纪的发展，中国已初步建成自己的天然橡胶产业体系。如今中国已经成为世界主要的天然橡胶生产基地，面积和产量均居世界前列。改革开放以来，为适应社会主义市场经济体制的要求，中国垦区不断深化体制改革，推动科技进步，使天然橡胶生产逐步形成了产业化经营，建成了较为完善的产前、产中、产后服务体系。通过结构调整，中国已经建成海南、云南、广东三大橡胶种

植基地，约 150 万人专门从事橡胶种植业，年实现产值达上百亿元。中国天然橡胶产业的发展为国家战略物资的供应安全提供了保障，同时也对农民增收、扩大城乡居民就业、热区经济发展、改善生态环境做出了巨大贡献。

2020 年中国天然橡胶种植面积为 116.1 万公顷，位居世界第三，产量为 69.25 万吨，位居世界第五，2019 年消费量为 325.46 万吨，2020 年需求量为 267.39，出口量为 1.4 万吨，进口量为 155.6 万吨，增长 4.7%（数据来源于 FAOSTAT），消费量与进口量均为世界第一位，进口量 2.5 万吨，复合橡胶 2.0 万吨。另外，中国天然橡胶单位面积产量为 1109.85 千克/公顷，已达到世界平均水平，而云南省西双版纳地区成为世界植胶区中单位面积产量最高的地区。2010 年各省份的产量分别为海南 28.04 万吨、云南 15.5 万吨、广东 0.05 万吨、广西 0.04 万吨。近十年中国各省份天然橡胶种植面积、产量和单位面积产量如图 3-6、图 3-7 和图 3-8 所示。

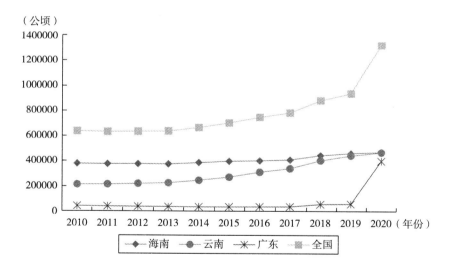

图 3-6 中国天然橡胶主产区种植面积情况

改革开放以来，中国天然橡胶消费量不断提高。从 1993 年开始，我国消费量首次超过日本仅次于美国而成为世界上第二位天然橡胶消费大国。2019 年，消费量为 325.46 万吨，超过美国的 97.4 万吨，占世界天然橡胶总消费量的 18.85%，成为世界第一大天然橡胶消费国。其中 70% 用于轮胎制造业，30% 用于胶鞋、医用胶管、手套、避孕套等非轮胎产业。

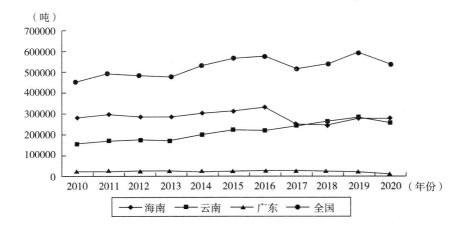

图 3-7 中国天然橡胶主产区产量情况

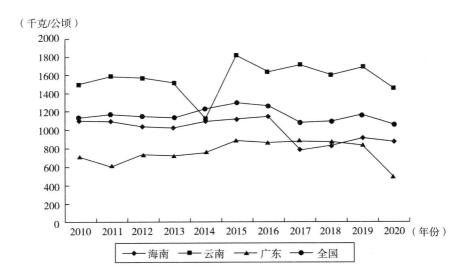

图 3-8 中国天然橡胶主产区单位面积产量情况

从消费情况来看，中国天然橡胶的消费量不断增加，平均增长率为 8.32%，天然橡胶的产量也在增加，但增幅相对消费量较小，为 7.14%，因此，产量增加赶不上消费量的增加，供需缺口在不断扩大，进口量持续增加，进口量以平均 10.37% 的速度递增，2019 年进口量为 155.6 万吨，首次超过日本的 80 万吨，居世界第二，2020 年前三季度出口量为 0.5 万吨，进口量为 150 万吨，居世界首位。国产天然橡胶在天然橡胶总消费量中的比重下降为 36.81%，即天然橡胶的消费中 63.19% 依赖进口，2020 年自给率达到历史最低，仅为 13.7%。2008 年由于受到经济危机的影响，中国对天然橡胶的消费量有所下降，同比下降了 5%，而天然橡胶的进口没有受到太大的影响。由近几年天然橡胶的需求变化可以看出，中国由于社会和经济发展步伐的加快，尤其是汽车工业的发展，所需要的天然橡胶的数量也与日俱增。中国历年天然橡胶产量、进口量及消费量具体情况如图 3-9 所示。

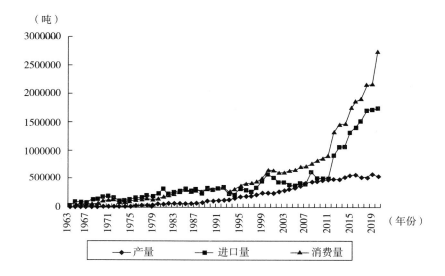

图 3-9　1963~2019 年中国天然橡胶历年产量、进口量及消费量情况

中国的橡胶种植业生产经营模式有三种：国有农场、集体农场和植胶农户（包括少量的橡胶种植公司和初产品加工厂）。由于所有制形式不同，中国的橡胶种植企业分中央政府、地方政府、农村集体和个人 4 级管理。国有农场由所在省区的农垦总局管理，并从属于中央政府；地方国有农场归地方政府部门管理；集体农场归各级集体组织。由于归属的不同，有关生产企业通常由主管部门分别管理。因此，不同类型的企业之间在管理体制、生产发展计划，甚至在政策法规等方面存在一定的差异。通常人们为了区分中央政府管理的橡胶种植企业，将地方国有农场、集体农场、植胶农户等统称为民营橡胶种植园（与国外的小胶园在所有制形式、经营规模和方式等方面有很明显的区别①）。

---

　　① 蒋菊生，等. 中国天然橡胶产业战略转型研究 ［M］. 北京：中国农业科学技术出版社，2009.

目前，中国现有国有植胶农场 151 个，植胶面积占全国总植胶面积的 60%；民营胶园（地方国营、集体、个体）的植胶面积约占全国植胶面积的 40%。国有农场（包括地方国有农场）是国有企业，是政企合一的计划经济体制模式，并带有军垦建制的特点，而民营胶园经营管理模式多样化，宏观管理十分松散。

（一）海南省

海南天然橡胶最早起源于 1906 年，由华侨何麟书从马来西亚引种建立了乐会琼安胶园，开创了海南种植天然橡胶的先河。经过华侨几十年的共同努力，天然橡胶种植面积不断扩大，并取得了一定的成就。但海南天然橡胶产业真正形成规模化是在中华人民共和国成立后。海南天然橡胶事业是中国天然橡胶事业的重要组成部分，不仅为中国橡胶事业的发展做出了重大贡献，而且为世界橡胶北移种植提供了比较完整的经验与成套技术，对世界天然橡胶事业的发展做出了特殊的贡献。

海南省是我国天然橡胶的主要产区之一，土壤肥沃、热量充足、雨量充沛、交通便捷，具有持续、稳定发展橡胶产业的条件。海南省同样是台风重点影响区域，受自然灾害、病虫害、种植技术、生产成本、市场价格等因素影响，海南省橡胶产业转型升级迫在眉睫。2020 年，海南全省天然橡胶种植面积为 52.69 万公顷，其中当年新种面积为 2.96 万公顷，收获面积为 38.13 万公顷，总产量为 33.08 万吨，分别占全国的 56.3%、53.4% 和 50.1%。海南已经成为中国最大和最重要的天然橡胶生产基地。其中，海南农垦种植面积为 22.3 万公顷，年干胶产量为 12.55 万吨，分别占全省的 52.5% 和 48.9%，占全国的 21.2% 和 22%。除农垦之外，种植面积排在前五位的是儋州市、白沙县、澄迈县、琼中县和琼海市，产量排在前五位的是儋州市、白沙县、澄迈县、琼海市和琼中县。

海南省的天然橡胶产业长期以来主要是以国有橡胶为主，约占全省产量的 50%，与其他省份相比，基本特征是规模大、产业集中度高和企业规模经济比较明显。由于中国天然橡胶产品供需失衡，虽然表面上企业不存在任何竞争压力，但如果与天然橡胶主产国同行企业相比，无论在价格或质量上竞争力都相当弱。

海南农垦对海南全省的天然橡胶产业起到了很大的带动作用，是海南最大的农业生产基地和重要的热作基地，总人口为 104.95 万，拥有土地总面积 78.59 万公顷，职工人数 19 万，农垦企业事业单位遍布海南全省 18 个市县，其中国有农场 47 个，是次于新疆生产建设兵团、黑龙江农垦的全国第三大农垦。2010 年，海南省农垦总公司与海南省农垦总局正式分开，实现独立运作。海南农垦总公司更名为海南省农垦集团有限公司。海南省农垦总局作为省政府直属的特设机构，在过渡期内，继续履行农垦的行政和社会管理职能，代表省政府对农垦集团公司履行出资人职责。2011 年 1 月 7 日，农垦集团旗下的海南天然橡胶产业集团股份有限公司的"海南橡胶"股票正式在上海证券交易所挂牌上市，成为中国上市公司农业板块市值最大的公司。2015 年 12 月，海南省农垦投资控股集团有限公司正式成立。

（二）云南省

云南天然橡胶的规模化生产始于 20 世纪的 50 年代初。经过 50 多年的开发建设，云南省天然橡胶业已涉及 25 个县，经历了宜林地资源调查、引种试种、规模终止经营、大力推广良种、全面推广抗寒高产植胶综合技术、改革割胶制度、巩固提高植胶效益等发展过程。目前，橡胶种植遍及云南省南部及西南部 7 个地州 27 个县市。主要种植区为西双版纳州，其次是思茅、红河、临沧、德宏 4 个地州，文山、保山仅有少量种植。全省生产性种植的主要胶树品种为早年国外引进的高产优良无性系 RRIM600、GT1、PR107、PB86 四大品种。云南省约有 35 万农村劳动力从事橡胶种植、加工和销售，在集中产区，天然橡胶产业已成为促进当地农民和农场职工增收的支柱产业。天然橡胶的发展为增进民族团结、繁荣边疆经济做出了巨大贡献。目前云南农垦已建成在规模上仅次于海南的第二大天然橡胶生产基地。自 1994 年起云南农垦橡胶单位面积产量已连续 10 年超过 1500 千克/公顷，2010 年达到了 1572 千克/公顷，远远高于全国平均 1140 千克/公顷的水平，甚至高于泰国、印度尼西亚、马来西亚等橡胶主产国的单产水平，并连续 10 年单产世界领先。

2020 年，全省天然橡胶种植面积为 57.14 万公顷，占全国总面积的 49.22%。其中，农垦种植面积为 17.15 万公顷，地方民营种植面积为 39.99 万公顷。全省现有 7 个州（市）、31 个县（市）种植天然橡胶。种植面积最大的为勐腊县，总面积达 11.56 万公顷，其次为景洪市，总面积达 11.04 万公顷。这两个县市的天然橡胶种植面积共计占全省总面积的 56.93%，是云南省植胶自然条件最优越、单位面积产量最高的地区，也是云南省乃至全国难得的植胶宝地。2020 年云南投产面积达 29.49 万公顷，占全国总投产面积的 43%，其中，农垦投产面积为 10 万公顷，地方民营投产面积为 19.49 万公顷，分别占全省投产面积的 33.9%

和 66.1%。

2020 年全省天然橡胶总产量为 45.29 万吨，占全国总产量的 54.9%，其中，农垦总产量为 11 万吨，地方民营总产量为 34.29 万吨，分别占全省的 24.3% 和 75.7%。主要分布在版纳、普洱、临沧、红河、德宏、文山和保山 7 个州（市）以及 31 个县（市、区），其中版纳地区单产最高，年产量可达 31.2 万吨，平均亩产达到 112 千克，是我国唯一亩产超过 100 千克的省区。西双版纳片区辖一市二县，占云南省总量的 72%，是我国产胶区标志性的地区之一。普洱的产量突破了 8 万吨，临沧的产量突破了 5 万吨，德宏的产量这几年一直保持在几千吨左右，所占比重很小。

云南天然橡胶生产经营模式是自 2003 年开始实行的"公司（农场）+基地+农户（职工家庭）"的农业职工家庭承包经营。职工家庭承包经营期间，不再实行国家统一工资制度，承包人向企业交足橡胶产品任务后，剩余归己。家庭承包经营是农业产业化必要的基础环节。实行职工家庭承包经营，可以重构农业生产的基础层次，形成以职工家庭承包经营为基础，以农场（分公司）为基地、产业化专业公司为龙头的完善的农业产业化经营体系。具体来说，实行土地及橡胶资产承包、核算、盈亏、风险"四到户"，生产费用、生活费用、社会保障费用"三自理"，实施种植规划、技术措施、质量标准、病虫害防治、产品收购、加工销售"六统一"管理，从而形成以农场（公司）统一经营为主导、职工家庭（农户）承包经营为基础的农业产业化经营管理体系。职工家庭承包经营，核心是"四到户""三自理""六统一"，基本点是坚持市场化取向。在垦区全面推行职工家庭承包经营，对主要内容可概括为 32 个字：长期承包，资产保全；定额上缴，剩余归己；随行就市，三费自理；盈亏自负，年度微调。承包费用采取按比例以实物上交的方式，"交够企业的，留下都是自己的"。产品价格随行就市，按当月市场价格及时兑现给承包人，生活费用、生产费用、社会保障费用自理。定产任务和产品的交留比例，产品的加工费、销售费等一般一年一定，根据核算情况适度调整。形成合理的分工，共同获得经营收益，并承担市场和自然风险，形成既分工严密，又协调一致，分散生产与统一经营相结合的农业产业化经营体系。这样的生产经营形式既适应了农业生产特点，又发挥了农场企业的经营管理优势，也符合农业产业化的发展规律。

2010 年以来，云南各垦区按照"属地管理、产权到场、承包到户、创新管理体制、激活经营机制"的要求稳步推进农垦改革。在国有土地性质不变和企业职工身份不变的前提下，39 个农场普遍实行了职工家庭承包制，提高了职工分配比例，基本取消了土地基本承包费和农场管理费，职工收入增长较快。2014年8月，农垦集团与农垦总局政企分开，正式成为市场经营主体。2017年，集团整合所属橡胶企业组建云南天然橡胶产业集团有限公司（简称云胶集团），2020年7月，经省委省政府批准，农垦集团加挂"云南省绿色食品投资集团"牌子。

（三）广东省

广东省的天然橡胶种植开始于民国初期。湛江籍的爱国华侨林育仁先生从新马购回橡胶种子，历经千辛万苦运回家乡雷州半岛种植，这开创了广东橡胶种植业的先河。1951年，中央经反复调查勘察、实践论证，决定在华南地区大力发展天然橡胶事业，后来湛江成为仅次于海南的重要生产基地，为国家建设做出了重大贡献。

广东农垦是为发展中国天然橡胶事业而建立的中央直属垦区之一。按照优势产业区域布局规划，集中布局在茂名、阳江和湛江南部部分农场，是较大的乳胶生产基地之一，其规模和产量排在第三位。"十五"时期以来，垦区对橡胶产业实行巩固、优化、提高的方针，大力推进橡胶种植向优势农场、优势区域集中，橡胶种苗培育与供应向种苗繁育中心集中，橡胶加工由分散的小厂向规模化、专业化、产业化龙头企业集中，在茂名、湛江、阳江垦区建设了三座规模化、现代化且具有国际一流水平的天然橡胶加工中心。同时，建立了广东农垦天然橡胶电子商务中心，使垦区的橡胶产品实现了统一加工、统一品牌、统一销售。

2020年，广东全省天然橡胶种植面积达13.33万公顷，全部集中在农垦，其中已开割胶园2.67万公顷，总产量1.34万吨，占全国总产量的2%，年加工能力150万吨，约为世界天然橡胶总产量的1/8，是全球最大的天然橡胶全产业链经营企业。从总体上看，广东的天然橡胶产量变化幅度不大，甚至还略有下降，1991年的产量是4.18万吨，到了2000年以后基本维持在2.3万吨左右。由于受到可利用土地资源的限制，广东很难在橡胶生产的规模上有所扩大，而且广东受自然灾害的影响较大，包括台风、寒害和洪水，橡胶产量也受很大的影响。另外，从比较收益的角度看，在广东种植橡胶的收益要比其他一些农作物的比较收益要低，这也是导致橡胶减少的一个重要原因。

改革开放初期，广东农垦在橡胶产业上兴办了职工家庭农场，并对职工家庭农场实行岗位承包、按劳计酬的经营和分配方式，一定程度上调动了职工的生产积极性，但由于市场主体地位不明确，经营自主权没有完全落实，基地仍缺乏活力。因此，对经营模式进行了改革：对天然橡胶全面推行产权改革和租赁改革，对更新或新种植胶园全面推行职工自费投入或股份合作经营，实现了土地租赁、核算、盈亏、风险"四到户"，生产费、生活费"两费自理"，形成了职工与大农场利益共享、风险共担的新机制。

近年来，广东农垦橡胶集团在加快发展方式转变过程中，创新经营模式，积极实施"走出去"发展战略，着眼于国内外2种资源、2个市场，在国内整合优势资源，在国外开展多种模式的合作，拓宽发展空间，做强做大橡胶产业。国内外产业联动，创新橡胶生产加工模式，在垦区内打破区域界限，新组建3家现代化的橡胶集中加工中心，以集约化加工模式取代分散在30多个农场的几十家小型加工厂，策动全垦区数十家橡胶农场进行优势资源的重组整合。

四、本章小结

天然橡胶遍及世界各大洲的40多个国家和地区，种植面积较大的有马来西亚、印度尼西亚、泰国、印度、中国和越南6国，种植面积和产胶产量占世界的90%。本章分析这6国的生产状况以反映世界天然橡胶产业的基本状况和经营模式状况，中国的天然橡胶产业可参考和借鉴其他5国的经营模式以及其关于天然橡胶的产业政策，从中吸取经验和教训。

国外主要生产国天然橡胶产业的发展经验对中国天然橡胶产业的启示主要体现在：首先，各国橡胶生产产业化程度较高，经历了生产专业化、服务社会化和经营一体化的发展过程；其次，国家财政农业投资的重点主要是橡胶生产基本建设、财政对银行补助，银行对种植橡胶实行低息贷款、贴息贷款等，各国财政都在不同程度上支持和资助橡胶产业；再次，各国的科技创新政策如创立新型的科技队伍、鼓励创新研究、优化科研机构、调整科研方向等都有力地推动了橡胶科技创新，使这些国家对橡胶的科技研究走在世界前列；最后，国外橡胶安全保障机制如健全价格保护之策、提供综合生产能力、建立高效的储备机制以及建立安全预警系统等都对中国天然橡胶产业的发展有很好的启示作用。

国外主要产胶国的经营模式以民营小胶园为主，兼有国有橡胶园。国外主要产胶国的橡胶种植业生产社会化、专业化程度较高，不但肥料、农药等生产资料供应社会化，而且一些生产环节如胶园建设、胶园抚管、割胶等也有专业承包商服务，甚至整个生产过程也可委托有关公司经营管理，如一些小胶园委托给大胶园经营管理。

由于大胶园采用大规模集约化的生产方式，其产量水平、劳动生产率和生产效益一般要明显好于小胶园。国外无论是大胶园还是小胶园，均没有国内生产企业存在的建制上的问题，大小胶园的生产经营均受到有关法令的约束，也受到良好的全方位的社会服务，生产经营均在公开、公平、合理的环境条件下进行。因此，管理费用少、生产成本低。

中国的天然橡胶产业主要集中于海南、云南、广东三个省份，这三省的橡胶产量占全国的99%①，其中海南的植胶面积和产量均居全国首位，开割面积占全国的61%，产量占全国的50%左右，而云南的橡胶单产最高，达到了1.45吨/公顷②；经营模式方面，海南以农垦的国营农场为主，产量占全省的56%，兼有民营橡胶；云南则民营胶园面积超过农垦，民营胶的产量占全省的53%，而广东的橡胶种植主要集中在农垦，国有胶的产量占全省的98%，地方仅有零星种植，种植面积仅占全省的7%。此外，广西和福建两省也有少量种植，广西集中于农垦，福建则集中于地方。从整体上看，中国的天然橡胶产业主要集中于农垦。这种单一的资源配置方式严重制约和阻碍了生产力的发展，中国可以仿效国外的经营模式，实现经营模式的多样化，对股份合作制以及职工自营胶园均应加以鼓励和支持，才能进一步调动职工的生产积极性，从而实现天然橡胶产业的健康、稳定和可持续发展。

---

① 资料来源：《中国统计年鉴 2020》。

② 资料来源：农业部发展南亚热带作物办公室的内部资料《2020 年全国热带、南亚热带作物生产情况》。

第四章　海南农垦天然橡胶生产的发展历史与现状分析

中国天然橡胶产业是在中国共产党老一辈无产阶级革命家的集体领导下，通过军垦模式，自力更生、艰苦创业而建成的。海南农垦是在中华人民共和国成立后，由国家投资，在国有荒地上开发建设发展起来的一项新兴的事业。天然橡胶业的成功创业进一步证明了中国农垦模式是有中国特色的、具有自主创新意识的生产经营模式，证明了老一辈革命家的战略目光和正确决策。

海南天然橡胶业的建成大体上经历了三大阶段、三代植胶人的努力。即1949年前的无序零星种植阶段；1950～1978年的计划经济阶段；1978年至今的改革开放阶段。中国天然橡胶业的创业过程是不断探索、创新、改革与发展的历程；华南农垦人身上早就具备了适应不断调整、变化、震荡的基因和思想准备。

一、无序零星种植阶段（1906～1949年）

天然橡胶树原产于南美洲亚马孙河流域，世界上普遍栽培的为巴西三叶橡胶树。中国早在公元1904年就引种巴西橡胶树。当年云南省干崖土司刀安仁由日本返国途中经新加坡时，购买未经选择的橡胶实生苗8000余株，在位于北纬24°50′、海拔高度为960米的云南省盈江县新城凤凰山的东南坡种植，植后因长期疏于管理，屡经烧毁破坏，至1950年仅存2株，目前尚存一株①。

1906年，海南华侨何麟书从马来西亚引种建立了乐会县琼安胶园，这是在

---

① 中华人民共和国农业部农垦局，农业部发展南亚热带作物办公室. 中国天然橡胶五十年［M］. 北京：中国科学技术出版社，2004.

海南岛最早成功种植的天然橡胶。此后，又有华侨区慕颐（1907 年，那大侨兴胶园）、曾汪源（1911 年，那大侨植胶园）等多次引种。

1911~1912 年，菲律宾华侨刘杰生、秘鲁华，还有胡子春以及曾江源和曾金城父子从新加坡购买胶苗 10 万多株，在海南那大建立侨植胶园。1920 年曾江源和曾金城父子又从马来西亚运回大批胶苗，在海南那大再建天任和蔡惠两个胶园。中国第一个天然橡胶育种站在海南岛那大联昌，它是中国天然橡胶的摇篮。中国第一批天然橡胶实生树的种子大部分来源于海南岛的琼安、天任、蔡惠等地。后来当地华侨又在海南岛的万宁县兴隆镇建立茂林公司，种植橡胶树 1 万株。1936 年前后开始利用自产种子繁殖，加快了橡胶的发展。据 1934 年琼崖实业局调查，全岛有橡胶园 94 处，共 600 多公顷 24.65 万株，分布在海南东部和北部的定安、乐会、万宁、琼东、琼山、文昌、儋县 7 个县[1]。1952 年海南垦殖分局调查显示，在中华人民共和国成立前全岛有橡胶园 2343 个，共植胶 2420 公顷、106.65 万株，其中开割 59.34 万株，分布在 12 个县。当时全国的植胶面积为 2800 公顷、120 万株橡胶树，其中开割树约 64 万株，年产橡胶 199 吨[2]。

中华人民共和国成立之前的天然橡胶发展过程，证明中国的海南岛、广东省的高州、雷州半岛和云南省的西双版纳、盈江等地不仅能种植橡胶树，而且橡胶树能正常生长发育和产胶。这为中华人民共和国成立后大规模发展植胶业提供了依据，为生产的发展提供了技术借鉴，并为初期发展提供了大量的种植材料。

二、计划经济发展阶段（1950~1977 年）

（一）半军事化组织模式（1950~1957 年）

1950 年海南岛建立人民政权后，海南军政委员会开始把发展橡胶业列为"海南建设事业最重要的一个任务"，确定对橡胶事业实行"大力恢复，大量发展，以国营为领导，扶助民营为主，有计划地稳步前进"的发展方针。1951 年初在海南军政委员会下设机构橡胶垦殖处的领导下，建立坡塘、南太、南桥、木

---

① 海南省地方史志办公室. 海南省志农垦志［M］. 海口：海南摄影美术出版社，1996.

② 中华人民共和国农业部农垦局，农业部发展南亚热带作物办公室. 中国天然橡胶五十年［M］. 北京：中国科学技术出版社，2004.

排、美文 5 个国营橡胶垦殖场，国家开始拨出专款发展橡胶生产，这是海南岛历史上最早建立的国营橡胶生产单位。

1951 年，中央人民政府政务院做出《关于扩大培植橡胶树的决定》，1952 年华南垦殖局海南分局成立，海南行政公署主任冯白驹兼任局长，领导海南橡胶开发工作；同年 10 月，海南垦殖分局与林业工程第一师合编为华南垦殖局海南分局。

1952 年 7 月，华南垦殖局根据中共中央关于天然橡胶发展要遵循"种得多、种得快、种得好"的指示，并结合当时国际形势和华南所处地理环境，确定了"先大陆后海南，先草原后森林，先平原后丘陵"的天然橡胶发展方针，暂定至 1955 年植胶总任务为 53.33 万公顷。

1951 年秋至 1952 年，是中国天然橡胶事业大力发展准备种苗和第一次大规模种植时期。为了解决发展橡胶业的种苗问题，提出了"一粒种子一两黄金"的口号，种子随采随运，用军车运送，通行无阻。为了提高育苗质量，在海南临高县的多文和儋州市的木排建立了大型育苗场，直接向农场提供种植所需的实生苗树桩。

1953 年，随着朝鲜战场停战谈判的进行，国际形势有所缓和，中国可以从国际市场上买到橡胶；同时，在实践中发现并分析了部分已建胶园荒芜、橡胶幼树生长不良的主要原因后，中共中央提出了"提高质量，增加产量，改善经营，降低成本，巩固发展，稳步前进"的方针，把原计划到 1955 年完成 53.33 万公顷的任务改为到 1961 年完成 13.33 万公顷种植任务，并将植胶重点转移到海南岛。

华南垦殖局根据中共中央的新精神，于 1953 年 6 月 13 日决定"大转弯"，按照"加强、精简、合并、裁撤"的方针，将已建立的 29 个垦殖所合并裁撤为 12 个；10 个为垦荒植胶服务的拖拉机站只保留 2 个；309 个垦殖所合并、裁撤成 106 个。这是中国天然橡胶业的第一次大调整。经过整顿，橡胶种植业得到巩固和发展。1957 年底，橡胶树实有面积达到 6.19 万公顷、2579.37 万株，其中开割面积 453 公顷，生产橡胶 157 吨。在这个阶段当中，海南共组建成立了 48 个国有橡胶农场，占现有 90 个国有橡胶农场的 53.3%，开垦种植橡胶树 4.5 万公顷。1955 年，所属垦殖场改称国营垦殖场。1957 年，原海南垦殖分局改称海南农垦局，国营垦殖场改称国营农场。1952～1957 年，海南农垦共建立农场 142 个，经过调整减少 99 个，至 1957 年底实有农场 35 个。

海南农垦生产经营模式自 1951 年华南垦殖局创立至今一直在艰难探索与实

海南农垦天然橡胶生产经营模式及效率研究

践之中。纵观海南农垦管理体制的改革进程，国有开割胶园经营体制改革在海南农垦管理体制的改革中扮演着重要的角色，也为农垦经济发展发挥了一定的推动作用。但由于历史、体制和政策的原因，海南农垦历次改革最终都没能在彻底地解放生产力和调动人的主观能动性方面取得重大突破。20世纪50年代，因为没有别的经验可学，办农场是按照苏联国营农场的模式，组织模式是半军事化的，经济管理模式是"供给"制的，在管理上是高度集中的，在分配上是固定等级工资制，实行全国统一的工资制度，在制度上是执行工业企业的企业管理制度。1955年，海南农垦开始推行企业化管理，国家对企业、企业对基层逐级实行经济核算和成本计算等一系列经济制度，包括对工人实行计件工资制，初步体现了从企业到基层到个人，在生产经营上均对国家负有一定的经济责任。

这一经营模式适应垦殖初期的政治、经济形势，因此发挥了积极的作用。但是随着海南农垦企业逐步由单纯垦荒劳动组织转变为大宗商品（如橡胶）生产单位，旧体制的优势便逐渐消失，并变成发展生产力的障碍。"文化大革命"前，垦区已开始探索改革国营农场经营管理制度，但由于"文化大革命"和随后实行的建设兵团体制，农场吃国家"大锅饭"、职工吃农场"大锅饭"等严重弊端迟迟得不到解决。

（二）定包奖责任制（1958~1965年）

1958年，"大跃进"运动在植胶区掀起了高指标、快速度、大增人、大建场、大开荒、大种胶的高潮，当年8月，华南农垦总局撤销，广东省农垦厅成立。1959年，中共广东省委召开开发海南和湛江热带地区的座谈会。会议提出到1962年，在海南种植橡胶树40万公顷，连同湛江地区的13万多公顷，全省种植橡胶树面积要达到53万公顷。

发展任务确定后，广东农垦（含海南）植胶区掀起大增人、大开荒、大种胶的"浪潮"。1959~1960年，广东农垦植胶区共开荒12.73万公顷；种植橡胶树9.9万公顷，共4306.15万株；橡胶树累计面积达到16.52万公顷、7130.28万株，是植胶以来的第二个大发展时期。1959年海南垦区新植橡胶树1.3万公顷，而1960年是海南垦区建立50年中年度植胶面积位列第二的大发展年份，该年定植胶树4.6万公顷。

1961年，党的八届九中全会决定，对国民经济实行"调整、巩固、充实、提高"的八字方针。农垦部根据中央的八字方针，针对"大跃进"运动的植胶教训，在海南召开了全国橡胶生产技术会议，要求各农垦植胶区狠抓发展速度的调整，巩固现有的胶园；抓好胶园灭荒、补换植和修筑水土保持工程，种好覆盖作物，科学施肥，大力推广国外优良无性系胶树品种。

自 1961 年起，广东（含海南）农垦植胶区结合农场存在的问题，做好以调整、巩固为中心的各项工作。集中力量，狠抓橡胶园的灭荒、林管、芽接和补换植等工作。至 1962 年，胶园抚育管理明显好转，严重荒芜现象基本消灭；胶园补换芽接苗 749.5 万株、大田芽接 311 万株；海南民营橡胶种植面积稳定在 1.2 万公顷。

经过 1961~1962 年的调整和巩固，中国橡胶业又迎来了适度的发展。1963 年，海南垦区又新定植胶树 1.3 万公顷。

由于各垦区努力抓紧贯彻 1961 年全国橡胶生产技术会议精神，生产逐步走上规范化和科学化的轨道。1964 年，广东农垦厅和华南亚热带科学研究所共同对具有中国特色的胶园建设进行了科学总结，得出胶园建设的"四化"（良种化、林网化、梯田化和覆盖化）经验。在这个阶段中，海南垦区新建 25 个农场，新植橡胶 8.95 万公顷。中国天然橡胶的产量从 1958 年的 700 吨增加到 1965 年的 1.81 万吨，增长了 24.86 倍。

这个阶段，由于认真贯彻"调整、巩固、充实、提高"八字方针，正确处理了发展和巩固、数量和质量的关系，在发展的同时，抓好现有胶园的抚管，并总结出了具有中国特色的建设高标准胶园的"四化"经验，科教事业也得到了长足发展，这都为中国植胶业的稳定发展奠定了基础。1962~1965 年建立的胶园，是中国植胶史上最好的胶园之一。

这个阶段海南农垦实行的经营模式是从 1960 年的"定、包、奖"责任制到 1962 年中央批转《国营农场领导管理体制的规定》（简称"十六条"）实行"三定一奖"办法。20 世纪 60 年代后，进一步健全包括各层次核算和各专业核算的经济核算体系，形成多系列的不同工种的"定、包、奖"承包责任制，国营农场对生产队实行"三定一奖"的办法，"三定"是农场对生产队定产量、定上缴利润、定工资总额，"一奖"是超产奖励。"三定"指标既要积极可靠，又要留有余地。超产奖励要适当，不能过多。利润超过计划指标的，超额部分按照"五、一、四"的比例处理，即 50%上缴农场，10%留在生产队作为集体福利或扩大再生产使用，40%按工人的出勤天数和劳动工分分给工人，分给个人的部分也要有限额，一般不超过本人月平均工资水平的 3 倍。有些也可按照 4∶2∶4 或 5∶2∶3 的比例由农场、生产队、职工分成。"定、包、奖"岗位责任制是把经济责任、经济效果、物质利益紧密地联系起来的一种经营管理制度。它对于挖掘企业潜力、改善经营管理，增产增收、扭亏增盈，提高经济效果发挥了积极的作用。

1965 年，在总结往年生产责任制经验的基础上，全面推行生产岗位责任制，实行地段责任到人，长期固定，多年不变。岗位责任制是当时切实执行"定、包、奖"经济责任制的基础，起到了调动职工生产积极性、主动性的作用，许多工人为了管好自己岗位的橡胶，自动做到"出工收工两头黑""出工一担肥，收工一担草"，工作效率和管理质量都有很大提高。

然而，这个制度没有实行多久，也没有在全部农场推开，就因"文化大革命"而夭折了。党的十一届三中全会以后，国营农场实行了一些重要的改革。国营农场管理上的"大锅饭"有两层含义：一层是企业吃国家的"大锅饭"，就是统收统支，盈利上缴，亏损补贴；另一层是职工吃企业的"大锅饭"，就是固定等级工资，多劳不多得、少劳不少得。

（三）等级工资制（1966～1977 年）

1966～1977 年，中国天然橡胶垦区遭到空前的破坏。各垦区的各级管理部门建制被打乱，广东垦区改建成广州军区生产建设兵团，广西垦区组建成广西生产建设师，云南和福建两个垦区分别组建成云南生产建设兵团和福建生产建设兵团。科研单位和高等院校被撤销或陷于瘫痪，科技人员遭受迫害或被下放。行之有效的规章被废止，科学种胶水平大大下降，生产力受到极大破坏。1968 年，广东（含海南）农垦植胶区仅有 3413 公顷、170 多万株，全省 15 万公顷的胶园共产干胶 2.24 万吨。

1966～1968 年，垦区各农场的生产管理基本上处于放任自由的状态。1969 年，各农场由兵团接管，改制为团或独立营，实行军事化管理，不按生产规律指挥生产，片面追求高速度大发展，重蹈 1959～1960 年的覆辙，甚至有过之而无不及。在割胶生产上，也不遵循技术规程，连刀重刀现象屡见不鲜，甚至穿雨衣割胶。由于割胶强度大，施肥管理又跟不上，开割树死皮和割面条溃疡严重。

1969～1974 年，植胶面积确实增加很多，如海南 7 个师共植胶 11.48 万公顷，其中 1970 年定植 8.22 万公顷，是海南植胶史上年度植胶面积最多的一年。但这段时期当年补换植率严重偏高，达到了 80.5%，大田芽接比率也很高，出现了中国植胶史上大发展大挫折的局面。

1972 年，国家农林部组织召开了全国橡胶生产会议，对近年来的橡胶生产发展做出了客观评价。会后各兵团对生产的发展作了重新调整，加强了对开割胶园和幼树的抚管。

1968~1969 年和 1974~1975 年，海南、广东和广西垦区遭受大寒潮侵袭；1974~1975 年，云南垦区也遭到植胶以来的最大寒潮侵袭，特别是西双版纳垦区；1972 年和 1973 年，海南又遭到特大台风的危害，这都给生产造成了一定的影响。

1974 年 10 月，兵团撤销，各省相继成立农垦总局或农垦局，恢复农场建制，中国天然橡胶事业仍由农垦部领导。在兵团撤销前夕的 1973 年，将曾被广州生产建设兵团热带科学研究所和热带作物学校取代的农垦部热带作物科学研究院和热带作物学院恢复并更名为华南热带作物科学研究院和华南热带作物学院。

1975~1978 年这三年中，垦区的各农场除抓割胶生产外，主要是做好前几年大发展中胶园缺株的填平补齐工作。例如，海南垦区在 3 年中新植橡胶 0.98 万公顷，464.53 万株，其中当年补换植及大田芽接的株数高达 881.53 万株，为定植数的 189.8 倍。同时，海南民营橡胶也有了一定的发展，到 1978 年，海南民营橡胶达到了 4 万公顷。相比之下，中国民营橡胶是发展最好的。

这个阶段是中国天然橡胶生产从放任自由的状态进入大发展大波折时期，这次大发展大波折是继 1952 年和 1959~1960 年后的第三次，也是最大的一次。从 1975 年起的 3 年中，对大发展中形成的胶园的严重缺株现象进行了填平补齐，保住了大批新植胶园，使中国的植胶面积达到 34 万公顷，年产干胶 9.03 万吨。

海南农垦从 1966 年之后实行等级工资制，到 1978 年恢复奖励制度。等级工资制是根据劳动的复杂程度、繁重程度、精确程度和工作责任大小等因素划分等级，按等级规定工资标准支付劳动报酬的制度。它包括企业工人的技术等级工资制和职员的职务等级工资制。

三、改革开放阶段（1978 年至今）

（一）定包奖责任制（1978~1983 年）

1979 年 4 月召开的中央工作会议，制定了用 3 年时间对国民经济实行"调整、改革、整顿、提高"的方针。调整国民经济的过程，实际上是探索适合中国国情的社会主义现代化建设道路的过程，也就是推进改革开放的过程。

就天然橡胶业来说，这个时期主要是在总结过去植胶经验的基础上，对中国天然橡胶的发展方针进行调整，对胶园结构进行整顿，提出了以橡胶为主、发展多种经营的方针，加大了对橡胶业的投入，1982年，农垦部根据天然橡胶供需关系和价格的变动，结合农垦植胶区的实际，对中国天然橡胶生产采取了"整顿提高、稳步发展"的措施。如广东（含海南）农垦1979年橡胶生产投资由原来占农业投资的38.6%调高到44.1%，橡胶用工从30%以下调升到40%。1982年，农垦部根据天然橡胶供需关系和价格的变动，结合农垦植胶区的实际，对中国天然橡胶生产采取了"整顿提高、稳步发展"的措施。

在此期间，植胶区橡胶生产和科教事业稳定发展。1979~1983年，海南农垦植胶区新种植橡胶树5.37万公顷、1894.61万株，1981~1983年的平均保苗率达77.5%，干胶产量从1979年的66831吨增加到1983年的95915吨；云南农垦植胶区种植橡胶树1.5万公顷、895.12万株，橡胶产量从1979年的15233吨增加到1983年的25451.52吨；广东农垦的橡胶产量从1979年的16292吨增加到1983年的31459吨；广西农垦的橡胶产量从1979年的1548.36吨增加到1983年的3799.37吨。

这个阶段海南农垦生产经营模式实行情况如下：1977年，经过整顿，逐渐恢复受到"文化大革命"破坏的生产岗位责任制，克服"队长分工，班长派工，工人等工"的混乱现象。岗位责任制是一种从工业企业管理办法移植过来的管理制度。它的指导思想是把每个职工的工作固定在分配给他们的岗位上，通过下达工作任务和生产指标，检验他的工作效果并给予报酬。之后又结合橡胶生产大田作业实际，发展为"四定三联系"制度，即定岗、定人、定产、定物耗，联系产量、技术、林段管理水平计酬计奖。对橡胶中小苗则是联系增粗与保苗。岗位责任制的制定与贯彻，对于维护橡胶正常生产秩序，加强职工的责任感，废止分配上的大锅饭，起到了积极作用。但是，第一，岗位责任制是以各人的工资水平为计酬基础的，工人工资水平的高低导致计价单价不同的矛盾，出现了新的同工不同酬，这是弊端之一；第二，岗位责任制以单个职工为单位与农场（或生产队）发生经济关系。农场职工流动性大，比不上家庭稳定，岗位常变动；第三，橡胶生产受自然环境与气候影响，对橡胶的投入与产出在短期内不一定成正比，加上橡胶的所有制关系，职工不愿意投入，甚至会把给他的生产物资（肥料）用于自己的作物，或者偷偷卖掉。

1978年后，贯彻海南农垦《海南省农业生产责任制》，在定岗位的同时，确定每个岗位的作物产量、作业任务、技术措施、工具物资消耗，使生产岗位责任制更完善。从1978年开始，局对农场，场对所属橡胶、工业、基建、机运各行各业，全面恢复实行"定、包、奖"制度。具体做法是，局对农场（工厂）定任务，定人员和劳动生产率、定投资、定收入、定支出，超收留成奖励；生产队承包场下达的各项指标，然后对工人实行以产定资、定额计分、超产奖励等多种形式的制度。"定、包、奖"制度的贯彻执行，使农场和职工个人的经济利益直接与生产经营成果挂钩，较好地解决了国家、企业、职工三者之间的经济利益关系。

1978 年 1 月，国务院召开全国国营农场工作会议，再次提出"国营农场要实行党委领导下的场长负责制"。1979 年 2 月，贯彻中共中央十一届三中全会关于全党工作重点转移到社会主义现代化建设上来的决定，中共广东省委决定，国营农场实行党委统一领导下的场长分工负责制，党政分工。至 1984 年，海南农垦在对农场、工厂进行整顿调整后，在 3 个农场和 1 个工厂进行场长负责制的试点，1987 年后全国推行。

1979 年初，国务院批准农垦企业实行财务包干，即从 1979 年到 1985 年，国家对农垦企业实行财务包干，改变过去财务收统支的办法，农垦企业实行独立核算，自负盈亏，超亏不补，盈利留用，初步解决了企业吃国家"大锅饭"的问题，使企业可以用利润来发展生产，但在解决企业内部"大锅饭"的问题上则更加复杂。1981 年 10 月，海南农垦颁发实施《包干经济责任制试行办法》，经济责任制由生产承包向生产经营承包发展。目的是进一步改善企业经营管理，正确处理国家、企业、职工三者利益关系，扩大企业的生产经营自主权，调动企业和职工的积极性，加强经济责任，提高经济效益。1980 年实行从超计划利润中提取奖励的办法，1981 年实行联产计酬、浮动工资，1982 年实行多种形式的专业承包、联产计酬、包干上缴，1983 年实行"大包干"，包干上缴，自负盈亏。

1981 年，中央农垦和财政两部正式批准，全岛国营农场实行的财务包干办法，计划利润完成包干上交基数后，包干结余全留，折旧也大部分留在企业，同时，企业实行一定比例的利润交地方各级财政的办法。近几年，岛内国营农场实行的承包经营责任制就是在财务包干基础上进一步发展、完善起来的，它在一定程度上使垦区企业实现了"自负盈亏，自我调节"，激发了企业自我积累、自我发展的积极性。这一改革产生了一系列的积极效应，在垦区主要产品销售价格长期不变，而各种生产资料价格和内部劳务价格上涨 1 倍以上，垦区各种增支因素不胜枚举（1989 年就比原计划安排增支 3.8 亿元）的背景下，企业基本上消化了这些增支因素。更为可喜的是，通过承包制，垦区企业逐步由简单的生产单位发展为投资主体，1978～1988 年全局各类投资超过 26 亿元，其中国家投资 7.7

亿元，占 29.6%；企业自筹、自贷和世行贷款合计 18.3 亿元，超过 70%，可以说，没有财务包干为主要内容的企业承包制，就没有垦区企业新的经济实力和发展后劲。

（二）职工家庭农场（1984～1990 年）

1983 年 8 月，全国农垦工作汇报会议提出，在国营农场中兴办职工家庭农场，即"大农场套小农场"。据此，会议着重研究了如何打破传统办场模式，推行多种形式的生产责任制，积极兴办职工家庭农场，解决职工吃农场"大锅饭"问题，并进一步总结了包干到户责任制的经验。同年 11 月，农牧渔业部批转了农垦局《兴办职工家庭农场的十条意见》，并在中央农村工作会议上印发了这个文件。1984 年 1 月 1 日，中共中央发出的《关于 1984 年农村工作的通知》中指出："国营农场应继续进行改革，实行联产承包责任制，办好家庭农场。机械化水平较高，不便家庭承包的，也可实行机组承包。"在 1984 年召开的全国农垦工作会议上，制定了《大力发展和办好职工家庭农场》《国营农场职工家庭农场章程试行草案》两个文件，有力地推动了职工家庭农场和其他形式小农场的快速发展。到 1984 年底，全国农垦已兴办家庭农场 42 万个。

职工家庭农场的特征是，全民所有、家庭承包、独立核算、自负盈亏。由于职工家庭农场是国营农场内统分结合的一种经营形势，它把国营农场统一组织产前产后服务的优越性和职工家庭分散管理的积极性有机地结合起来，既发挥了大农场的机械化优势，又调动了职工及其家庭各方面生产的主动性，收到了明显的效果。尤其是在遇到自然灾害时，家庭联产承包和家庭农场在抗灾、保收、增产等方面发挥的作用更为突出。

国营农场兴办的职工家庭农场，是在借鉴农村包干到户的经验以及认真总结自身历史经验的基础上发展起来的，它比农村的包干到户有更适度的经营规模和更高的农产品生产能力。兴办职工家庭农场，使每个职工家庭成为相对独立的商品生产经营者，有助于促进国营农场和社会商品生产的发展。

这个阶段海南农垦橡胶生产经营模式主要以兴办职工家庭农场为主。

1984 年，海南农垦根据当年中央一号文件，在农场内部兴办职工家庭农场，每个家庭农场成为农场直接领导的经济实体，实行家庭经营、定额上缴、自负盈亏的经济责任制。至 1987 年，海南垦区有家庭农场 17.55 万个，劳动力 30.5 万人，占农林牧工人总数的 90% 以上，平均每个农场有家庭农场 1900 个。这些家庭农场按组织形式分，有独户场 17.47 万个、联户场 846 个，分别占家庭农场总数的 99.5% 和 0.5%；按经营对象分，以橡胶为主的 11.6 万个，占 66.1%；按资金来源分，国家投资的 15 万个，占 85.5%，自费经营的 1.94 万个，占 11.04%，部分自费的 5911 个，占 3.4%，集体投资的 106 个，占 0.06%①。

家庭农场的兴办，彻底打破了等级工资制，引入了自筹资金、自费经营新机制，更可贵的是把垦区的开发性热作农业发展到了一个新水平，如东太农场，家庭农场不仅贷款开发荒山种胶造林近 0.13 万公顷，还自费上山建房、修路，节约了大量国家投资。立才农场 100 多个家庭农场迅速将以往因环境恶劣无法开发的边远荒坡建成 666 公顷高标准胶园，这是依靠国家巨额无偿投入也很难办到的。生产责任制的落实和家庭农场的兴办，为垦区国营农场改革旧体制，创造"统分结合、双层经营"新体制打开了突破口，奠定了坚实基础。

但是这种职工家庭农场经营模式也存在一些问题：

（1）在统分关系上"权责不分"。橡胶生产这一特殊产业的生产力特点，决定了橡胶垦区是农场"统一经营"和家庭农场"分散经营"的结合部。在橡胶生产过程中，两者存在统分关系上的"权责不清"，尤其是过分强调"统一经营"，从而弱化了"分散经营"的内在活力。

（2）在生产经营上"多投少收"。由于缺乏一系列配套的制度规范，职工担心政策不稳有变，不愿向土地投入。在资金投向上，生产性用处相对减少，实行掠夺式经营。

（3）在服务体系上"以包代管"。海南农垦系统社会化服务能力缺乏，没有建立和完善以职工家庭农场为中心的产前、产中、产后的专业化生产服务合作体系。许多国有农场对之实行的是"以包代管"，农场"统"的功能发挥得不太理想。职工家庭农场在市场经济条件下，信息不灵、流通不畅，往往陷入较为被动的境地。

（4）部分职工家庭农场存在"只负盈不负亏"的现象，自 1988 年海南省办特区以来，垦区经济发展较快，农垦职工收入增加了，但是在生产、经营上仍是"只负盈不负亏"，许多职工虽然富了，但资金却转向商业、运输业或为子女谋出路。农业生产的费用过分依赖银行贷款。在贷款中，由于国有农场提供担保，一遇歉收，农业贷款就难以收回，从而出现资金坏账，给农场经营带来严重危害。

（三）承包经营责任制（1991~1999 年）

1990 年，江泽民同志视察海南植胶区并做出指示，要求加快胶园更新建设

---

①　海南省地方史志办公室. 海南省志农垦志［M］. 海口：海南摄影美术出版社，1996.

速度，增强橡胶发展后劲。1991年，国务院明确了国家对天然橡胶生产所采取的方针，即"保护扶持、巩固提高、适当发展"。通过进一步实践，农业部于2000年在印发《关于调整热作产业结构的意见》（农垦发〔2000〕2号）的通知中，针对中国天然橡胶业的发展重申了上述方针，并提出了扬长避短，发挥优势，适度规模经营，进一步调整优化橡胶生产布局的要求。天然橡胶种植面积经过调整和优化，到2005年稳定在60万公顷左右。

改革开放以来，中国天然橡胶消费量在不断提高，从1993年开始，消费量首次超过日本，仅次于美国而成为世界上第二大天然橡胶消费国。2000年，全国天然橡胶消费量近100万吨，其中70%用于轮胎制造业，30%用于胶鞋、医用胶管、手套等非轮胎产业。

海南垦区在这个阶段的改革大体经历了三个阶段：

第一阶段为1991～1992年，是贯彻落实《全民所有制工业企业转换经营机制条例》，全面落实企业经营自主权，进一步完善企业承包经营责任制，建立场长任期目标承包新体制阶段。在这个时期的重大改革举措包括：一是完善承包经营责任制。将建省前的企业财务包干办法发展完善为总局成立后的第一轮场长任期目标责任制，实行规范的"承包制"。在进一步完善局、场、厂、公司、区、队等各级承包的基础上，对承包年限、承包形式、承包指标和承包的权利责任进行了调整，使承包形式更加规范，目标体系更加科学，约束机制更加完善。二是推广队级承包。在总结阳江等十几个农场队级承包试点经验的基础上，推广了队级承包的四种基本方式，到1992年底实施队级承包的单位达3293个，其中，盈亏包干式的队占2%，收支包干式的队占41.6%，成本包干式的队占48.4%，费用包干式的队占8%。

第二阶段为1993年1～12月，是贯彻党的十四大精神，探索新的改革思路阶段。在这一时期，党的十四大正式提出了建立社会主义市场经济体制的总目标。围绕着这一改革目标，垦区掀起了解放思想、更新观念的新热潮，并积极探索垦区改革新路子，在以下几个方面取得了新的突破：

第一，制定政策鼓励发展职工自营经济。总局分别在1992年8月和1993年10月召开发展职工自营经济大会和分片现场经验交流会，制定了发展职工自营经济的政策，使职工自营经济成为垦区经济新的增长点。1993年，职工自营经济劳均纯收入达到835元，占当年职工平均收入的1/3。

第二，试行股份制改组。1993年，省农垦总局制定了《海南省农垦国营农场生产队改组股份合作制企业试行办法》，在中坤农场创办了第一家农业基层生产队改造的股份合作制公司并获得成功。目前已有 20 多个农场的队级单位进行了股份合作制改革试点。

第三阶段为 1994~1995 年，是建立现代企业制度的探索阶段。在这一时期，总局适应市场经济需要，提出了垦区体制创新的"七化"目标，即垦区系统集团化、农垦企业公司化、生产主体自营化、经济结构多元化、社会服务产业化、社会保障统筹化、企业管理科学化。围绕这一目标，垦区按照"重点突破、整体推进、巩固成果、统筹兼顾"的工作方针，扎扎实实推行各种改革试点，在改革、整顿两方面均取得了新的成效。

首先，建立综合改革试验区。总局把全局亏损最大的东昌农场列为综合改革试验区，制定了一整套的综合改革方案，经过一年半的努力，目前已分步实施。其次，完善农业生产责任制。在总结过去改革经验的基础上，这两年形成了更成熟的、多样化的承包制方式。如割胶承包引进抵押、租赁、招标；生产单价包干到队，由队自主选择承包办法。

这个阶段海南农垦橡胶生产经营模式比较多，有的将胶树拍卖给职工；有的推行股份合作制，鼓励职工参股；有的继续推行家庭农场经营模式。但总体来说，均以联产计酬承包责任制为主。至 1990 年，已实行经营承包的生产队占垦区生产队总数的 93.9%。生产队以下的承包经营形式有：岗位（个人）承包，有 20 余万人，占直接生产工人数的 62%；家庭承包，有 3 万余人，占 10.3%；班组承包，实行班组集体负责和个人岗位责任相结合，有 6000 余人，占 1.8%；家庭农场承包，仍保留家庭农场 2 万多个、劳动力 3 万余人，占 11.4%，主要经营水稻，少数经营热作、橡胶、水果等项目；其他承包形式的有 4 万余人，占 14.5%[①]。

（四）国有开割胶园职工家庭长期承包（2000 年至今）

回顾 20 多年来，海南农垦职工家庭长期承包走过的曲折发展道路，大体可分为五个阶段：

（1）源起阶段。1984~1985 年，海南岛上的海南、通什两个农垦局，兴办起了约 16 万个职工家庭农场。其中开发型家庭农场 1 万多个，其余都是所谓的承包型家庭农场。大多数开发型家庭农场由于主客观条件不具备，加上国营农场监管服务不到位，其生产状况混乱，经营效果很差，只有少数继续经营至今。而所谓承包型家庭农场只不过在其所承包的岗位上冠以家庭农场名称，实质上仍是岗位

---

① 海南省地方史志办公室 . 海南省志农垦志［M］. 海口：海南摄影美术出版社，1996.

计件工资或联产计酬，所以事实上从一开始就不是真正意义上的家庭承包经营。

（2）整顿阶段。1991~1992年，鉴于开发型家庭农场的混乱状况及大多数难以为继、名存实亡，承包型家庭农场依然只是岗位承包而不是真正意义上的承包的实际情况，省农垦总局开始着手清理整顿开发型家庭农场，恢复生产队对承包型、开发型家庭农场的统一管理，并提出"把生产队办成经济实体"，重新赋予生产队一级核算及部分生产经营职能。相对而言，家庭农场曾一度拥有的部分生产经营职能便重新归于生产队所有。

（3）试点阶段。2000~2002年，省农垦总局相继抓了两批试点。首批在西联、三道试点农场中即设计并试行了较为规范的租赁式家庭承包国有橡胶的长期承包办法。继而又将此办法在第二批南俸、东和等八个试点农场先行推开。

（4）推广阶段。2003年9月，省农垦总局党委做出三项改革的决定，在垦区全面推广两批试点的做法，其中包括国有开割胶园家庭长期承包。各单位在实施中又创设了不少新的承包模式，但也有些煮了"夹生饭"或者换汤不换药。在此推广阶段，在总体和实质上仍然难以实行真正意义上的家庭长期承包。

（5）新的阶段。2007年4月，海南省农垦总局下发了《关于实施国有开割胶园职工家庭长期承包试点工作的通知》，决定在乐中、金江、西达等八个单位进行开割胶园职工家庭长期承包的试点工作，通过试点，工作取得了显著的成效：一是承包户（胶工）的收入明显增加，二是提高了承包户（胶工）对胶园的关切度，三是达到充分就业的目的，四是改善了干群关系，构建了和谐生产队。从此拉开了海南农垦全面实施开割胶园职工家庭长期承包工作的序幕。

根据统计，垦区国有开割胶园职工每户平均割株961株，2010年国有胶园干胶产量为18.43万吨，其中上缴农场（基地分公司）及总公司的产量为9.16万吨，占49.7%；归职工自己所有的产量为9.27万吨，占50.3%。截至2008年12月31日，全垦区参加长期承包的共47158户，已签订责任书的46704户，占99%；未签订的454户，占1%。

国有开割胶园家庭长期承包的主要内容可以归纳为16个字："定量上缴、剩余归己、统一收购、市价结算。"

1. 职工承包

"长包制"的承包对象首先是分公司属地常住的在编在保职工。无岗位、未享受低保、距离退休年龄50岁以上的老、弱、病、残人员，本人愿意并经基地分公司同意，也可以承包岗位。已承包非胶岗位的职工家庭，原则上少包或不包橡胶岗位。

2. 分公司发包

在胶园承包前，分公司首先要根据《国有开割胶园职工长期承包指导性意见》和《海南农垦橡胶生产技术管理实施细则》的要求，拟出胶园承包实施方案并经职工代表大会审议通过。再由分公司的基础生产单位公布承包胶园的面积、株数、产量等发包草案，征求职工家庭意见，张榜公布，上报分公司审核同意。最后经民主协商，采取公开竞标（标的实行封顶）或抽签的办法落实承包岗位，将开割胶园发包给职工家庭经营，并签订国有开割胶园长期承包责任书。

3. 家庭经营

职工家庭承包开割胶园后，只享有胶园的生产经营权，不得擅自处置承包物和改变土地用途。家庭户必须按照国有开割胶园长期承包责任书的约定和《海南农垦橡胶生产技术管理实施细则》等有关规定，履行承包人职责，保护国有资产的保值增值。

4. 完成上缴，剩余归己

分公司依据橡胶品系、割龄、立地环境、胶树现状、胶园产胶动态，确定承包期内各年度承包户上缴干胶产量基数。承包户完成上缴任务后，剩余产品按市场综合价格结算，收益全部归职工所有。

承包上缴的橡胶产品，用于各分公司经营支出、发展生产和企业国有资产的经营收益。职工获得的干胶产品收入，作为承包户承包劳务报酬以及用于支付其全额负担的养老保险、失业保险、工伤保险和医疗保险和住房公积金等费用。同时还用于支付生产资料、胶乳中转运输费及"两病"防治费用、橡胶资产折旧费用、税金等。

5. 统一收购，市价结算

承包户承包胶园生产出来的橡胶初产品（包括胶乳、胶线、胶团、胶块等），由总公司依据海南省天然橡胶协会发布的产地市场价格，进行统一收购和结算。

四、天然橡胶生产经营的主要绩效

（一）经济效益

天然橡胶产业为海南农垦甚至整个海南的经济发展做出了重大贡献，对于海南农垦天然橡胶产业的经济绩效，本文主要通过"干胶产量产值""销售利润率""成本利润率"及"全员劳动生产率"四个指标进行衡量和评价。

1. 干胶产量、产值

海南农垦创建于 1952 年，现有 49 个农场（分公司），经过 50 年多年的开发建设，海南天然橡胶产业不断发展，经济实力不断增强。1952~2019 年，海南农垦天然橡胶种植面积已由 2.05 万公顷增加到 20.20 多万公顷，增长了约 9 倍，干胶总产量由 34 吨增加到 16 多万吨，增长了 4700 多倍，农垦天然橡胶产量增长情况如图 4-1 所示。2020 年，海南农垦橡胶产品平均每吨销售单价为 25458 元，商品率达到 100%，因此，橡胶产品价值由 1978 年的 4.03 亿元增加到 2020 年的 46.92 亿元，增长了约 11 倍，农垦天然橡胶收获面积情况如图 4-2 所示。海南农垦是中国最大的天然橡胶生产基地，也是全省国民经济的重要支柱，尤其在农业方面处于举足轻重的地位。海南农垦在海南的开发建设和提高中国橡胶自给率等方面，做出了重要贡献。天然橡胶产业已经成为促进海南经济发展以及农民和农场职工增收的支柱型产业，2018~2019 年，海南省天然橡胶产值已占农业生产总值的 12.9%，其中海南农垦天然橡胶产值占其农业生产总值的 57%。

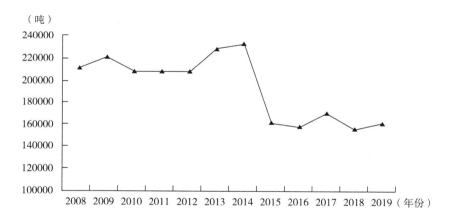

图 4-1　2008~2019 年海南农垦天然橡胶产量增长情况

橡胶林不仅提供天然橡胶产品，而且其本身也具有与其他人工用材林的功能，即提供木材。由于橡胶木具有易于加工、较强的耐用性、美丽的花纹以及对漆料和其他涂料的易着性优良等特点，随着木材加工工艺的提高和市场需求的增加，橡胶木日益成为有用之材，是家具制造业的理想材料。垦区每年更新的橡胶面

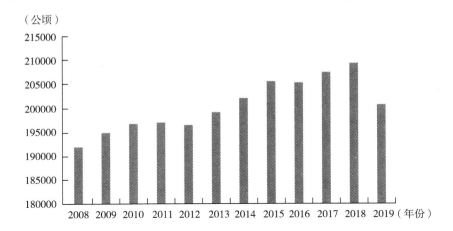

图 4-2 2008~2019 年海南农垦天然橡胶收获面积情况

积有 0.67 万公顷，可产橡胶木 30 万立方米，另外，每年还可采伐 100 万吨丰产林木，销售原木和板方材，垦区每年可增加收益 2 亿多元。

不论是在农垦系统或是民营经济，由于橡胶价格的持续走高和对未来市场预期的看好，橡胶种植已经成为海南农业发展的重点方向，由此带来了巨大的橡胶种苗的市场需求。2004 年，海南农垦下属的育苗单位当年生产种苗、芽条的商品率达 88.8%，实现产值 2916 万元。2006 年，海南农垦建立了十个橡胶良种育苗基地，使橡胶育苗更加规范化和标准化，由于海南橡胶林每年更新种植的需求量很大，橡胶育苗将会给垦区带来越来越丰厚的收益。2009 年，海胶集团种苗分公司成立，下设龙江、西联、阳江、邦溪、红光、东兴、保国 7 个种苗基地，种苗基地 267 公顷，年可生产各种类型优质种苗 500 万株以上。该公司的主要任务是，按照产业化、市场化的要求，统一品种布局、统一技术规程、统一质量标准，在完成海胶集团下达的种苗生产任务的前提下，面向社会，自主经营，研发生产其他种苗，实行公司化经营、基地化管理。同时，依托海胶集团资源优势，拓展海南民营橡胶种植市场，把资源优势转换为产业优势、经济优势，提高经济、社会和生态效益，推动海胶集团持续、稳定和健康发展。

2. 销售利润率

销售利润率是衡量企业销售收入的收益水平指标，属于盈利能力类指标。销售利润越高，说明销售获利水平越高。产品成本降低，产品结构中利润率高的产品比重上升，销售利润就提高；反之则下降。分析、考核销售利润率，对于改善产品结构、促进成本降低等有积极的作用，其计算公式为：

销售利润率＝利润总额/营业收入×100%＝每吨利润/每吨平均售价×100%

在农垦企业营业收入中，干胶销售收入所占比例达97.8%，是海南农垦橡胶产业的主营业务收入，其销售利润率可以反映农垦橡胶产业的盈利能力和经营现状。通过调查和计算，2020年海南农垦橡胶产业销售利润率为14.95%。当年橡胶产业获得较大经济收益的最主要原因是国际橡胶市场供不应求造成的价格上涨。2020年海南农垦每吨干胶生产成本构成情况如表4-1所示。

表4-1　海南农垦2020年干胶单位成本构成情况表　　　　单位：元/吨

主要成本	金　额
1. 工资	10530
2. 福利费	209
3. 直接材料	1934
（1）肥料	1337
（2）农药	139
（3）割胶工具用具	92
（4）燃料及动力	297
（5）化工材料	51
（6）其他材料	18
4. 折旧费	1121
其中：林木折旧	855
5. 胶水运输费	253
6. 加工设备修理费	12
7. 其他直接费	2172
（1）护林保胶费用	227
（2）其他费用	1945
8. 制造费用	1989
直接产品成本合计	18220
加：（1）管理费用	2649
其中：劳动保险费	33
（2）财务费用	537
（3）销售费用	241
（4）税金	5

续表

主要成本	金　额
每吨综合完全成本	21652
每吨综合平均售价	25458
每吨综合平均利润	3806
销售利润率（％）	14.95
成本利润率（％）	17.58

资料来源：海南农垦总局财务处。

3. 成本利润率

成本利润率是反映企业生产经营过程中发生的耗费与获得的收益之间关系的指标。该比率越高，表明企业耗费所取得的收益越高。这是一个能直接反映增收节支、增产节约效益的指标。企业生产销售的增加和费用开支的节约，都能使这一比率提高。它的计算公式为：

成本利润率 = （每吨利润/每吨综合完全成本）×100% = 利润/（直接产品成本+销售费用+管理费用+财务费用+税金）×100%。经计算，2020 年海南农垦橡胶产业的成本利润率为 17.58%。

4. 全员劳动生产率

全员劳动生产率是指根据产品价值量指标计算的平均每一个职工在单位时间内的产品生产量。它是考核企业经济活动的重要指标，是企业生产技术水平、经营管理水平、职工技术熟练程度和劳动积极性的综合表现。其计算公式为：

全员劳动生产率 = 工（农）业增加值/全部职工人数

2020 年农垦橡胶产业全部职工人数为 18.79 万（包括割胶工人、幼树管理工人、苗圃工人、制胶工人），计算得到全员劳动生产率为 45044.49 元/人（见表 4-2）。

表 4-2　2000~2020 年海南农垦全员劳动生产率

年份	工农业增加值（万元）	全部职工人数（万人）	全员劳动生产率（元/人）
2000	118525	47.43	2498.95
2001	121333	47.02	2580.46
2002	134875	44.99	2997.89
2003	177041	43.44	4075.53

续表

年份	工农业增加值（万元）	全部职工人数（万人）	全员劳动生产率（元/人）
2004	234001	38.28	6112.88
2005	299619	35.81	8366.91
2006	300797	32.54	9243.92
2007	254032	30.49	8331.65
2008	266013	28.19	9436.43
2009	269057	26.66	10092.16
2010	302540	25.22	11996.03
2011	314259	23.87	13165.44
2012	347984	22.42	15521.14
2013	414771	21.52	19273.75
2014	470931	21.05	22372.02
2015	477883	20.64	23153.25
2016	562508	20.66	27226.91
2017	622763	20.75	30012.67
2018	709173	21.30	33294.51
2019	701983	20.49	34259.79
2020	846386	18.79	45044.49

资料来源：海南农垦总局财务处。

通过以上对橡胶产业经济绩效指标的分析，可以发现海南农垦橡胶产业在2020年实现了较高的利润，投入-产出效益比较高。

（二）社会效益

海南农垦天然橡胶生产是劳动力密集型产业，农垦现有近百万人在天然橡胶产业直接就业或者以橡胶为生，并且带动了产业内相关的科技服务、金融、销售、贸易的发展及就业。海南农垦天然橡胶产业是在人烟稀少或荒无人烟的边远地区发展起来的，目前已建立起49个以种植天然橡胶为主的国有农场、2566个橡胶生产队，使荒原有了城镇、学校、医院、公路、电灯、电话和工厂，改变了当地的生活习俗和落后的生产方式，极大地促进了海南当地的社会经济进步、制度的提高、文化的发展。本书通过对"职工年平均工资""职工人均纯收入""人均住房面积""每千人拥有病床""每千人拥有医务人员""人均占有科研经费"六个指标分析来反映农垦天然橡胶产业的社会绩效。其中，"职工年均工资"和"人均住房面积"两项指标可以反映橡胶产业职工的生活条件；"每千人拥有病床""每千人拥有医务人员""人均占有科研经费"则用来衡量农垦社会内卫生、科研投入条件，反映社会福利现状。通过调查海南农垦总局 2019 年经济和社会发展统计资料以及 2020 年海南省统计资料，整理资料结果如表 4-3所示。

表 4-3　2019 年海南农垦橡胶产业社会绩效指标与海南省比较

要素	指标	海南农垦	海南省
职工生活条件	职工年平均工资	11637 元	24934 元
	职工人均纯收入	6100 元	4744 元（农村） 13751 元（城镇）
	人均住房面积	17.9 平方米	24 平方米（农村） 28.87 平方米（城镇）
社会福利条件	每千人拥有病床	5.6 张	2.6 张
	每千人拥有医务人员	7.1 人	1.5 人
	人均占有科研经费	70.14 元	69.03 元

资料来源：《海南统计年鉴 2020》《海南农垦经济与社会发展统计资料 2019》。

（1）2019 年海南农垦职工年平均工资为 11637 元，同期海南省职工年平均工资为 24934 元，农垦职工工资仅为海南省平均工资收入的 46.67%；职工人均纯收入为 6100 元，是农民人均纯收入的 1.3 倍，仅为城镇居民可支配收入的 44.36%，可见农垦职工人均纯收入高于农村，但与城镇居民收入还有相当大的差距。

（2）2019 年农垦人均住房面积分别占海南省城镇和农村人均住房面积的 62% 和 74.6%。从"职工年平均工资"和"人均住房面积"两项指标结果对比来看，海南农垦职工的生活条件与海南省平均水平相差较大。

（3）在卫生条件方面，海南农垦"每千人拥有病床""每千人拥有医务人员"两项指标分别是海南省平均水平的 2.15 倍和 4.73 倍。

（4）在科研投入方面，海南农垦 2019 年科研经费总投入为 1318 万元，"人均占有科研经费"比海南省平均水平高 1.6%。

海南农垦在医疗卫生和教育等社会福利方面的投入明显高于海南省平均水平，这笔庞大的社会性支出费用长期以来是由橡胶产业来负担的。这种现状是农垦计划经济时代遗留下来的体制原因造成的。这种体制问题一方面限制了农垦职工生活水平的提高；另一方面限制了企业科研经费的投入，使很多科研成果不能得到推广，科技创新能力差。这种客观条件也造成了科学技术不对称性的现状，即科研经费的短缺迫使企业放弃农业生态环境保护型技术的开发和运用，片面追求资源开发型技术，特别是单纯依赖于乙烯利刺激技术的增产效果。

（三）生态效益

天然橡胶产业的发展，实现了高价值的经济林对低价值的次生植被和荒山荒坡的改造，提高了森林覆盖率，起到了调节小气候、保持水土、涵养水源和生物培肥的作用，取得了良好的生态效益。科学研究表明，在所有的人工农林生态系统中，橡胶种植园在植被、落叶和养分循环等方面与热带雨林生态系统最接近，是一种稳定的可持续的生态系统。因此，橡胶林也属于生态系统之一，在固定二氧化碳的同时增加了大气中的氧气。在 2008 年国际天然橡胶生产国联合会年会上，呼吁 2009 年 12 月在哥本哈根举行的联合国《气候变化纲要公约》第十五次缔约国大会，把天然橡胶林作为森林碳储备量进行碳市场交易。

如今，农民在轮歇地上种植了橡胶树，既为他们带来了收入，又绿化了边疆和山区的荒山，实现了生态效益与社会效益同步发展的良性循环。据估算，一个经营橡胶园的劳动力产出，是一个经营刀耕火种的劳动力的 8 倍。依靠刀耕火种养活一个人，平均每年需要 2.5 公顷土地，如果种橡胶则只需要 0.1~0.2 公顷土地。为此，联合国粮农组织曾将海南农垦植胶区誉为最有生态价值的人工热带雨林群落系统。

五、本章小结

本章是全书展开论述的起点，笔者分别从纵向和横向两个维度对海南农垦天然橡胶的生产情况作了简要分析，主要从整体上介绍天然橡胶生产的背景状况，为下面章节从不同角度分析海南农垦天然橡胶生产的效率奠定基础。

首先对海南农垦天然橡胶生产经营模式的历史发展进程和现状进行了回顾和分析，橡胶生产每个阶段的国际形势和经济大背景不同，分别产生了半军事化组织模式、定包奖责任制、等级工资制、职工家庭农场、承包经营责任制以及开割胶园职工家庭长期承包等不同的经营模式；其次针对每种模式产生的历史背景和具体做法进行了详细的说明和论述，并用统计性描述的方法对橡胶生产的历史和现状进行了定性的说明；最后对橡胶生产的经济效益、社会效益和生态效益进行了评价。

本章的研究结果表明，作为中国天然橡胶行业的开拓者和领军者，海南农垦是中国共产党的伟大创新，是华南垦区为满足国家需要的一次产业创新壮举，包括体制机制创新、科技创新和管理创新。因此在创建之初实行的是半军事化的组织模式，这与当时特殊的历史使命密切相关。随着国内外形势的改变，农垦的功能和性质也随之发生变化。由原来的建设军团转变为国有企业，开始推行企业化管理。从20世纪60年代开始至今，每次对经营模式的改革，都是为了实现农垦企业经营管理体制上的突破、保障职工家庭的收入以及为国家的现代化农业发挥排头兵和示范者的作用。从创建直至2010年海南橡胶集团上市，海南农垦始终走在现代农业规模化、集团化、股份化、产业化生产的前列。

统计数据表明，橡胶产业为海南农垦和海南全省均创造了巨大的经济效益，每年为国家创造几十亿元的产品价值，已经成为海南省的支柱产业之一；社会效益方面，解决了近百万人的就业问题，同时带动了金融、销售、贸易、科教文卫等产业的发展；生态效益方面，起到了调节小气候、保持水土、涵养水源和生物培肥等方面的作用。因此，国家和地方政府不应削弱橡胶产业的地位，而应加大扶持力度，使其成为海南省的特色产业和重点产业，进一步促进职工增收，从而带动周边农村和农民共同富裕。

第五章 海南农垦天然橡胶生产经营模式及面临的问题分析

一、职工家庭长期承包

（一）模式简介

回顾海南农垦生产经营模式的历史，橡胶生产经营模式主要有计件工资、联产、实产计酬，实产分成、定量上缴承包方式，这些都是橡胶生产经营模式中的劳务承包模式，"不定产计酬"实行橡胶产品收购价格双轨制，超出劳务费部分的价值跟胶工无关，大大抑制了胶工的生产积极性，因此它并不是真正意义上的职工家庭承包模式，为实现真正意义上的职工家庭长期承包，实行橡胶生产的"两权分离"（所有权和经营权），统分结合，充分调动职工家庭的橡胶生产经营的积极性，践行"企业利益、职工利益最大化的核心价值观"，全面推行真正意义上的家庭长期承包的改革势在必行。20世纪80年代以来，国有橡胶农场始终在断断续续地探索开割橡胶园胶工长期承包的办法，但一直未能长久实施，没有找到可持续的长期承包办法是一个重要原因。从2001年开始先后在西联、东和、金鸡岭等农场进行国有开割胶园职工家庭长期承包改革试点，并不断地进行总结完善，积累改革经验。2007年，海南省农垦总局下发《关于实施国有开割胶园职工家庭长期承包试点工作的通知》，决定在乐中、金江、西达等8个农场开展开割胶园长期承包试点，从此拉开了海南农垦全面实施开割胶园职工家庭长期承包工作的序幕。2008年，海南农垦总局抓住国务院关于同意推进海南农垦管理体制改革意见的批复的重大契机，总结试点单位经验，全面推行"完成上缴、剩余归己、统一收购、市价结算"的开割胶园职工家庭长期承包制度。

开割胶园职工家庭长期承包主要是将国有开割胶园承包给职工家庭，将所有权和经营权分离，承包户对承包的胶园只享有经营权，没有财产处置权；同时，建立统分结合的双层经营管理体制，并赋予双方一定的权利和义务，对双方的违约责任也作了具体的规定。

1. 承包形式

建立了统分结合的双层经营管理体制，改变了原本分公司"统"过多、职工家庭户"分"过少的管控局面。主要体现在：胶园统一种植规划、统一技术措施、统一质量标准、统一病虫害防治、产品统一收购，同时职工自主采购符合质量要求的有机肥，自主采购割胶用的生产用具，如胶灯、胶刀、胶杯、胶桶、胶舌等；割胶的刺激用药、涂封药剂和防病用药由于技术标准不同和职工个人专业知识限制，实行分公司统一采购。

2. 承包对象

承包的范围比以前扩大，对发包岗位少、承包对象多的分公司引进竞争性承包方式。为实现充分就业，对岗位进行合理的调配，并对老、弱、病、残人员适当给予倾斜。同时，明确承包准入、退出机制，明确规定承包期限、权利和义务，维护承包职工家庭户的合法经营地位和正当权益，使承包职工家庭户的经营行为得到合理规范。

3. 结算方式

职工家庭户所生产的橡胶主、副初产品除上缴部分外其余全部按市场价格与分公司进行结算；改变了以往分公司对职工家庭户所生产的橡胶初产品联产计酬的计量工资的报酬方式，提高了职工家庭户的经济收入水平，充分调动了职工的生产积极性。

4. 分配方式

根据承包双方的协议规定，职工家庭户在完成分公司核定的上缴干胶数量，扣除规定费用后，剩余的全部归为职工家庭户所有，具体的计算公式如下：

家庭户年确定干胶上交产量＝年份计划干胶产量基数×核定上交百分比

家庭户月上交干胶产量＝家庭户年确定干胶上交产量×月份分摊上交产量百分比

家庭户预结算产量＝家庭户月实产干胶产量－家庭户月上交干胶产量

家庭户当月预结算收入＝家庭户月预结算产量×平均干胶销售单价－该月份应

负担年费用比例费用

5. 风险管理

一是建立灾害风险制度，在鼓励承包职工积极参加政策性农业保险，降低经营风险的同时，根据区域自然灾害实际情况，在征得职工家庭户的同意后，对特殊时期上缴的干胶产量可进行适度调整；二是建立风险储备金制度，按职工家庭户承包月收入的5%提取风险储备金，分户储存（按银行规定计算利息）。每户储备金最高限额为10000元。风险储备金为职工家庭承包户所有，分公司和职工家庭承包户共管，当遭遇严重自然灾害或价格大幅度下滑时，由分公司根据实际情况核准使用（在正常的状况下，职工家庭户月收入达不到当地最低工资标准的，就不能提取风险储备金），承包期满终止后，储备金余额（含利息）全部退回职工家庭承包户。

6. 职工权益保护

一是拥有承包经营自主权，职工在不违背双方签订的国有开割胶园长期承包责任书的前提下，可以根据自己的理念开展生产经营活动，合理安排劳作，自行采购除割胶刺激和防治药物外的生产资料；二是享有企业职工社会福利待遇，分公司将职工需缴纳的全额个人养老保险等五项社会统筹全部在产品生产成本中测算，保护职工的合法权益不受侵害；三是拥有企业管理知情权，有权了解橡胶产品的销售价格和干胶含量的测定情况，并提出质疑。

（二）主要绩效

全面实施职工家庭长期承包以来，垦区已初步构建了橡胶生产的长效机制、激励机制和经营风险化解机制，职工的生产积极性得到了充分的发挥，长期承包取得了预期的效果：

1. 实现橡胶所有权和经营权相对分离

国有开割胶园职工家庭长期承包实行两权分离和统分结合的原则，明确了"家庭经营，价格联动，定量上缴，超产归己，统一收购，市价结算"的承包形式，并对承包户享有的权利和承担的义务做出了具体规定，同时规范各分公司全面推行职工家庭长期承包的具体要求。国有开割胶园职工家庭长期承包改革的实施，把成本（化肥、农药、工具等）、折旧及各项保险等折算成干胶按市价结算留给承包户，标志着橡胶所有权和经营权发生了根本性分离，承包户在享受承包带来的经济效益的同时，还被赋予了部分经营自主权，可以根据自己的理念开展生产经营活动，合理安排劳作，自行选购割胶工具、肥料等生产资料，还可以通过增施有机肥来取代化肥施用量，节约生产成本，从而实现了职工胶园劳务承包向真正意义上的家庭经营性承包转变。

2. 明确家庭承包户的生产经营目标

"定量上缴"明确了家庭承包户的生产经营目标，增强了胶工的责任感。在完成上缴产量的基础上，"超产分成"部分的 70% 归家庭经营户，可以激发胶工的生产积极性；"超产分成"部分的 30% 归农场，有利于降低农场因定产不准造成的国有橡胶资产流失。同时，橡胶产品采取随行就市，按市价结算的方式提高了透明度，打消了胶工偷卖胶的念头，解决了农垦长期以来橡胶产品收购价格双轨制造成的损失。另外，承包期满后橡胶木更新时，承包户还享受每个承包年 1% 的更新木材净收入，这样可以促使胶工从长远利益考虑更用心管胶、护胶。

3. 搞活劳动用工和减轻企业经济负担

以家庭户为单位长期承包橡胶生产，第一年的上岗割胶人员必须是承包户主或其配偶、子女。今后在通过农场有关部门技术考核和遵守割胶技术规程的前提下，从事割胶生产的劳动力可以由承包家庭自主安排，甚至适当放宽到雇用其他人员割胶，承包户主因退休或确实无力继续承包经营胶园的，可以与农场解除承包手续，由农场收回承包权并在内部重新流转。原来是职工身份的，农场予以保留，不是职工身份的，今后农场无须办理批工手续，打破了农场传统的劳动用工管理办法。这样既转变了职工的就业观念，又解决了农垦长期以来批工后解除劳动合同关系所带来的纠纷和隐患。同时农场无须承担胶工的社会保险费，职工身份的人员要全额缴纳养老、医疗、工伤、失业等社会保险费，非职工身份的人员可以根据自愿原则到总局社会保障局个人缴费窗口缴纳养老保险，退休后同样可以享受跟农场正式职工同等的养老待遇。

4. 扩大就业面和缓解胶工紧张

家庭长期承包后，缩小了割胶岗位株数，可以扩大就业面。例如，西达农场现有开割树 80 万株，按 2017 每个岗位年开割树 900 株计算，共配割胶岗位 888 个；2018 年按 600 株进行长期承包，目前已经安排 1333 户家庭就业，增加了 445 个岗位，增幅为 50.1%。承包前，农场实行满岗割胶，3 个树位 900 株开割树算一个岗，只安排一名胶工就业。长期承包后，由于是以家庭户为单位进行经营，保证了每户家庭有 2~3 人就业，在相同的有效开割树情况下，胶园承包前只安排了 888 人就业，实行承包后可以安排近 4000 人，就业面扩大了 3 倍。这样海南农垦 10 多万名由于各种原因被解除劳动合同关系的人员再就业问题，在这次长期承包中都可以得到较好解决，同时也解决了农场历年来招收胶工困难的问题。

5. 降低劳动强度和增加胶工收入

实行家庭长期承包后，农场连同土地一起绑捆承包给胶工经营，在不改变土地用途的情况下，让胶工充分地利用土地发展林下经济。胶工既可以种植一些林下喜荫的作物，如南药、木耳、食用菌类等，也可以发展养鸭、养鹅、养鸡等畜牧业，宜养则养、宜种则种。同时实行长期承包，割胶劳动强度由原来"每天割胶"改为"割两天休息一天"，大大降低了劳动强度。如农垦澄迈片的国有农场，虽然全年割胶时间应为 8 个月，但是受天气和季节性影响较大，全年实际割胶时间只有 7 个月。因此，胶工承包前割胶时间为 210 天，承包后仅为 140 天。节余出来的 70 天，可以让胶工自主支配，用于发展林下经济。可见，实行长期承包无论是从长远利益还是眼前利益而言，承包户都是最大的受益者。

6. 内部护林保胶压力减轻

海南农垦每年在护林保胶上投入超过 1 亿元，各分公司的护林保胶专职工人员就有 7000 多人。在许多农场，总公司下达的联防队员编制都超编，而每到割胶时间，各分公司的机关干部还要耗费大量精力进行护林保胶。尽管这样，每年仍有 3 万至 4 万吨胶乳从农垦各分公司流失到地方的私营加工厂，年经济损失达 6 亿元以上。实行开割胶园职工家庭长期承包后，通过培训学习，让承包户真正明白了橡胶岗位要想长期承包，上缴的产量必须完成，而完成上缴后，剩余的产量全部归己，怎么偷怎么卖都是自己的，与其偷偷摸摸挑重担走山路冒被联防队员追赶的风险，不如光明正大地用摩托车走大路运到公家的收胶站，何况总公司收购价格并不比民营收购站低。意识到这一点后，承包户偷卖胶的行为逐渐减少，据统计，2018 年 6~8 月，各分公司涉胶案件与上年同比较大幅度下降，护林保胶的内部压力大大减少。

（三）存在的问题

由于长期承包是改革开放以来垦区涉及生产关系调整和经营体制改革方面最重大的举措，同时也是垦区主产业所有从业人员切身利益最重大的调整，其改革广度、深度、难度极大。正因为如此，长期承包仍面临着多方面的问题，问题的产生也具有多方面的原因。

1. 承包者

（1）思想素质。实行长期承包，从理论上和法律上说，承包者就拥有了合同约定的承包胶园经营自主权，这要求承包者正确行使当家做主的权利。但是在现实中，垦区相当部分承包者属于"外来胶工"，就是外来的农民工，每年一来一去，很难有长期承包的思想素质。在已经批工的正式胶工中，相当一部分胶工习惯于做工挣钱，并不具有当家做主、自主创业的思想观念。在农场调研时询问过一些外来胶工，他们几乎都是希望能多挣点劳务报酬，留恋实产计酬做法，缺少自主经营的想法。

（2）经营能力。实行真正意义上的长期承包要求承包人必须具有一定的经济实力、经营能力和承担风险的能力。然而，相当一部分承包胶工特别是外来工根本就不具备这些条件。一个岗位平均1000株左右开割胶树，国有资产存量起码超过10万元，而且胶树是长期经济作物，交给职工长期承包后一旦有违规强割、丢荒少施肥等短期行为出现，将造成难以挽回的后果，因此要求长期承包人交纳一定数额的承包保证金。在实际中多数外来工根本没有经济能力交纳足够的承包保证金，分公司最终会因为缺乏胶工而让不交保证金的人也参与胶园承包。这些人由于不具备起码的经济实力和经营能力，当然就难以达到长期承包要求承包人独立经营的初衷。

（3）技术素质。胶工是一项技术性很强的工作。不仅在磨刀、割胶、涂药、收胶等环节的专业技术水平要求极高，而且看天割胶、看树割胶、看产量干含割胶等方面，都要求胶工须具备较强的综合技术素质。实行长期承包后，理论上要求胶工自主经营、"当老板"，但实际上相当一部分胶工既没有想当老板、也当不了老板，相反连传统体制下当好一名合格胶工的素质都不具备，实际上只是一个打工者。不可否认的是，在这三个角色中，只从技术素质来衡量，老板、打工者的技术素质都不如传统体制下的合格胶工。今年初分公司大幅度整合（从原来70多个减为30个），客观上使基层管理和现场生产管理有所削弱，也使胶工的技术素质难以提高。

（4）承包规模。现实中长期承包难以做到规模经营。多数单位为了兼顾就业、维护稳定，维持职工收入，规定双职工的家庭只能承包一个标准岗位（约为1000株）；有的单位则将标准岗位分解缩小，让职工均等化地每人承包几百株。在这种承包方法之下，1000株开割胶树只能勉强维持三口之家的基本温饱，真正有经营能力的人没有用武之地。也就是说，实行长期承包对承包规模有更大的要求，或者说，当前的承包规模与长期承包不大适应。

2. 基层管理者

（1）认识问题。分公司一些基层管理人员（包括作业区、生产队领导）习惯于传统经营管理制度，认为实产计酬直截了当、简便易行，简直就是最好的承包方法，不想轻易改变；或者认为橡胶生产周期长，割胶工作较特殊，担心长包后胶工的短期行为给橡胶产业带来不利影响。他们对长期承包的重大意义认识不足，思想上总是不能真正认同长期承包，在实际的管理和领导工作中往往一遇到问题就想回到实产计酬的老路上。

（2）经营管理水平。一些人习惯于传统管理模式，其管理方式方法和水平仍囿于过去的一套。也有些人截然相反，认为既然长期承包，承包人当家做主了，也就不大需要加强管理了，这也就是新的"以包代管"的现象。加上分公司大幅度整合后，一个分公司要管100多个生产队，客观上管理幅度一下子增加过大，过去各分公司对生产队的管理办法不尽相同，需要有一个探索、调整、磨合、适应的过程，这对基层管理和现场管理的水平也带来了一定的影响。另外，实行长期承包后，基层管理的内容、方式、办法等方面都有一个系列需要研究、调整、改变之处，在这些问题解决之前，经营管理水平也难以有效提高。

（3）既得利益。未实行真正意义上的长期承包以前，基层管理人员手中的管理权力肯定要明显大于、多于真正长期承包以后。例如，承包岗位调整、计划产量调整、林段抚管劳务安排、胶工部分劳保福利的具体落实等，基层管理人员的管理权力和自由量裁度肯定要比真正长期承包后大得多。这种明显变化往往使部分基层管理人员产生某种失落感，产生了"当队长大不如前""没有甜头""没有奔头"等感觉。

3. 经管制度

（1）确定产量计划及上缴计划。橡胶生产周期长，受各种客观及人为因素的影响，其产量及长势变化大，因此定产始终是一个难以解决的问题。在实行真正意义上的长期承包前以及实行实产计酬的长时期内，定产问题就一直难以解决。只不过在以前的分配格局下，定产问题对承包双方的利益影响相对较小，矛盾不那么尖锐突出罢了。实行真正意义上的长期承包之后，由于定产问题而出现了明显的所谓"两头尖"问题，甚至出现相当数量的胶工分配结算倒挂和挂账欠账等现象。当定产的误差达到一定程度，倒挂现象就会出现。而一旦出现一定数量的人倒挂，则将迫使管理者不得不进行调产。这不仅影响了长期承包的严肃性、稳定性，甚至可能陷入某种不正常的恶性循环之中。笔者在调研中还发现，个别分公司在遇到较多人挂账后不得不临时（几个月）采用实产计酬的方法，暂停实行定量上缴的办法。这对长期承包的影响可能更大。

（2）承包合同。最大的问题就是合同多变，极不严肃。不少单位近几年就与承包人签过多次合同，并且原有合同没有终止，又签订新的合同。从法律意义上说，多份合同同时有效。由于这些承包合同一般都是发包方制订的格式合同，如果有法律纠纷，吃亏的反而是发包方。有人认为承包合同是企业内部协议，不是《合同法》规范的合同，具有特殊性，可由企业自我调节。

（3）企业经管方案。长期承包方案往往是企业经管方案的主要内容。农场和分公司大幅度整合后，一是原有的几个农场和基地分公司的经管方案不尽相同，需要修订制定统一的经管方案。二是经管方案的制订主体资格也存在合法合规合适的问题。三是整合后由于管理跨度增大，特殊情况增多，制订经管方案的难度也会相应增大。四是有些单位将总公司下发的长期承包指导性意见及相关意见照搬照套，没有结合本单位实际情况，没有转换成本单位的经管方案，实际上忽视了经管方案的作用。

（4）配套措施。生产资料全部或大部分由长期承包人自主采购，这是承包人自主经营权的重要组成部分。但是由于橡胶产业的特殊性、承包人行使自主经营权利和承担风险的能力以及体制机制、习惯做法等原因，目前承包人的这项权利仍未真正落实。这既是进一步完善长期承包不可回避的重要问题，也是承包人真正实现自主经营的题中应有之义。干含测量和初产品称重，是关系承包人收入分配的重要环节，是实行联产计酬20多年来一直存在争议和难以厘清的问题。实行真正意义上的长期承包，这个问题就变得更加敏感和尖锐。搞好干含测量和称重，除了重构和完善有关的运行机制之外，制度建设和专业队伍素质的提高也是重要的配套措施。

4. 相关因素

（1）社会治安。首先，从历史上看，植胶区社会治安一直存在抢胶偷胶、偷树砍树、土地纠纷等问题，护林保胶一直是橡胶生产难以解决的问题。近年来，特别是长期承包以后，行政手段、组织手段方面的措施在一定程度上有所减弱，非法收购加工行为的日益猖獗，使偷胶抢胶者销售非法获得的胶产品易如反掌，作为承包人的多数胶工深恶痛绝。对于以割胶为主要生活来源的胶工来说，长期承包提高了他们对橡胶资产的关切度，因此，除了能提高他们护林保胶的积极性之外，治安状况和护林保胶问题便是他们时时担心的切身问题。

（2）行业秩序。橡胶产业是海南的特色优势产业，并且肩负着保障国家天然橡胶战略物资安全的历史使命。有关部门的管理思想不大正确，把周期长、资产存量大的橡胶产业混同于诸如瓜菜等短期作物来管理。从制度建设到实际管理都没有对橡胶产业的生产经营秩序予以足够的重视，以致几近失效的《海南省天然橡胶保护管理暂行条例》多年提不上修订议程，《海南省天然橡胶原产品收购许可管理办法》在实施一年、延长一年之后不得不停止。可以说这个需要特殊管理的行业现在几乎成了法律真空、管理真空。不讲资质、不设准入、不遵守行业规矩和职业道德现象横行。混乱的行业秩序，受害最大的是橡胶产业从业人员，尤为甚者应该是规规矩矩的长期承包人。

（3）政策扶持。宏观产业政策方面，优惠政策少且不落实。国务院办公厅2007年初印发了《关于促进我国天然橡胶产业发展的意见》，是之后一个时期中国天然橡胶发展的纲领性文件。在对橡胶产业十分重视的同时却没有赋予应有的优惠政策，仅有的财政补贴项目极少惠及农垦。胶工退休问题作为具体的劳动政策虽调研多时却久无进展。作为特殊工种，胶工每天凌晨一两点钟起床点灯割胶，40多岁以后视力就会减退，若要与其他工种工人一样60周岁退休，确实很难做到。这一问题呼吁多年，有关部门也作了调研，但是迟迟没有结果。

上述问题既有主观又有客观、既有历史又有现实、既有直接又有间接，其产生原因多种多样。只有充分认识这些存在的问题，才能避免在解决问题，进一步完善长期承包工作中陷入简单化、主观性、片面性等误区，真正做到以科学发展观指导长期承包工作。

（四）案例分析——大丰农场

大丰农场创建于1956年，最早只是一个"海南中部育种站"，1966年才改名为"国营大丰农场"，2008年并入阳江农场。原大丰农场位于海南省中部的琼中黎族苗族自治县境内，土地面积为0.45万公顷。截至2017年底，大丰农场总人口为5976人，其中在职职工1503人，离退休1397人。橡胶生产是大丰农场的支柱产业，总植胶面积为0.25万公顷，其中割胶面积0.2万公顷，中小苗500公顷。种植品系主要有"大丰95"、PRIM600、PR107等无性系高产品系。近年来，年产干胶1718~1880吨。

2017年，农场生产干胶1880吨，劳均年工资收入为9173元。全场自营经济种植作物面积达到403公顷（包括间作部分），其中橡胶79公顷（开割20公顷）、橡胶苗圃84公顷，其他作物112公顷。全场职工自营经济第一产业纯总收入达到845万元，其中橡胶41吨，纯收入23.88万元；橡胶育苗出售295万株，纯收入442万元；其他作物纯收入238.73万元。第二、第三产业纯收入192万元。全场职工自营经济纯收入达到1057.51万元，在职职工自营经济劳均收入达到6120元。

建场60多年来，农场累计生产干胶49565.9吨、积累固定资产8287万元、累计给国家上缴利税4796万元，国家投资回收率达137.2%。2008年10月，大丰农场社企正式分离。大丰农场2477公顷橡胶林划归海胶集团，成立海胶集团大丰分公司。其中橡胶种植面积2477公顷，开割面积1793公顷，胶工570人。农场率先在海南农垦系统进行国有开割胶园国家庭承包责任制试点。与以往改革不同之处在于，这次改革以"科学发展观"为指导，把"以人为本"的理念贯穿于改革的始终，立足于大丰农场的现状，以市场为导向，从实际出发，把切实提高职工收入放在首要位置。2018年完成干胶1940吨，职工平均工资收入19317元，其中胶工收入23005元，同比增长54%（见表5-1）。

表5-1　2017～2018年大丰农场部分月份干胶总产量及总产值

年月	结算干胶（吨）	平均价（元）	总产值（元）
2017年主要月份	1907.582	20297.14	38718454
1月	17.817	19214.00	342336
4月	105.466	22512.00	2374251
5月	214.353	20219.00	4334003
6月	244.248	18945.00	4627278
7月	251.446	18740.00	4712098
8月	228.903	19011.00	4351675
9月	231.249	19938.00	4610643
10月	226.943	21271.00	4827305
11月	233.421	22097.00	5157904
12月	153.736	21992.00	3380962
2018年主要月份	1939.881	19748.45	38309651
3月	3.924	23550.00	92410
5月	145.583	23550.00	3428480
6月	269.093	24884.25	6696177
7月	292.586	25479.91	7455065
8月	272.024	24000.00	6528576
9月	241.021	21384.68	5154157
10月	231.596	13764.66	3187840
11月	307.474	11999.84	3689639
12月	176.580	11764.11	2077307

资料来源：海南国营丰大丰农场经管部。

大丰国有开割胶园长期承包机制创新主要内容：

1. 承包形式

承包形式为定量上缴，即分公司发包、家庭承包经营、完成上缴、剩余归己、统一收购、市价结算。

（1）分公司发包。

首先，分公司按照总公司下达的计划指标，将橡胶生产管理目标逐项分解后发包给职工家庭户经营。其次，由符合承包条件的职工家庭提出承包申请，生产单位公布承包胶园的面积、株数、产量等发包草案，在征求职工家庭意见的基础上进行张榜公布，上报分公司审核同意后，经民主协商评定，采取公开竞标（标的实行封顶）或抽签的办法，将开割胶园发包给职工家庭经营。

（2）职工家庭承包经营。

第一，职工家庭承包开割胶园后，依照承包责任书和《橡胶生产技术规程》等胶园管理的有关规定，自主经营、自负盈亏。

第二，胶工实行持证上岗制度。从事割胶生产的胶工必须持证上岗，职工家庭聘用的胶工应有割胶技术合格证。

（3）定量上缴办法。

定量上缴是根据胶园前三年的实际平均产量（株产）确定上缴干胶产量基数，最终以投标形式确定岗位每年上缴产量的办法。

第一，按单株产量高低确定上缴产量。以前三年岗位平均单产为准（杂胶按比例统一折为干胶计，株产的计算按现割株计），结合岗位承包规模、岗位优劣情况确定上缴产量。

第二，割龄为9年的胶园，以上年实际产量为基数，9年以上的胶园，经投标或抽签方式确定岗位和上缴干胶产量后，承包期间若不遇重大自然灾害，岗位、上缴干胶产量不变，至胶园更新倒树为止；割龄在9年以下的胶园，根据各年产量的递增情况，上缴干胶产量相应变动。

第三，新开割树产量，达到开割标准的胶园，即第1年割龄株产平均按1.5千克计；自然递增产量，第2~8年割龄的，每年分别比上年递增：第二年17%，第三年15%，第四年13%，第五年10%，第六年10%，第七年9%，第八年9%。

（4）承包经营的范围：农场属地生产单位现有的国有开割胶园。

（5）承包期限：自双方签订承包责任书之日起至橡胶更新时止。

2. 统分结合机制

职工家庭承包开割胶园，实行统分结合的双层经营体制。

（1）职工家庭承包的经营生产的橡胶主、副初产品全部销售给分公司。

（2）分公司对收购的橡胶主、副产品，进行统一运输、加工和销售。

（3）橡胶"两病"防治的农药、割胶药用激素、涂封药剂等由职工家庭承包户委托农场统一采购、统一安排、统一使用。

（4）开割胶园的抚管（管、养、割）由职工家庭承包户自行完成全部生产作业项目；生产管理所需的有机肥、化肥可由职工家庭承包户自行采购（不能低于分公司的规定、要求），也可委托分公司统一采购。

（5）家庭承包户自行采购割胶用的生产用具，如胶灯、胶刀、胶杯、胶桶、胶舌等。

（6）职工家庭承包户负责将橡胶主、副初产品运送到分公司指定的收胶站及胶乳保鲜等前期各项工作。

（7）为确保胶园林间公共道路的畅通，分公司可根据具体情况统一安排公共部门的林间道路的维护（个人承包的胶园的道路维护自己负责）。

3. 收益分配机制

职工家庭承包经营所得的干胶产品收入，作为职工家庭承包劳务报酬以及用于支付其全额负担的养老保险、失业保险、工伤保险和医疗保险费用；支付生产资料、加工销售、"两病"防治等全部费用（包括产品保鲜、运输、加工、销售以及购买有机肥、化肥，割胶刺激用药，涂封剂，防治条溃病、白粉病和炭疽病用药，用工，用具等费用）；支付橡胶资产折旧费用。

（1）每岗社会保险费按 28.8% 计为 4150 元（不含个人负担 11% 部分）。社会保险费包括养老、医疗、工伤、失业、生育五种。各险种按工资总额计提的费率分别为 28%、8%、0.5%、3%、0.3%，合计为 39.8%，其中按国家规定由用人单位负担 28.8%（20%、6%、0.5%、2%、0.3%），个人负担 11%（养老 8%、医疗 2%、失业 1%）。

（2）各类型岗位株年生产资料费用为 10.36 元。

（3）产品加工、销售费用以及折旧费为每千克 1.92 元。

职工家庭承包每年负担的生产资料费、产品加工费、运输费、产品销售费等，应随市场价格变动而变动，当以上费用在承包年基数上涨幅 5% 以内（含 5%）的不作调整，超出 5% 的费用作适当调整。家庭承包户定量上缴的干胶产品收入，用于分公司经营支出和生产发展。

4. 结算机制

（1）割制及岗位规模。岗位规模分别为 600 株、700 株、800 株三个株数岗位类型，为了达到充分就业的目的，高山、偏远胶园的岗位规模株数可根据实际情况调低。胶园长期承包以家庭户为单位连片划分岗位，全面推行四天一刀割制。

（2）产品的数量计算。主产品胶乳按测定干含计算；杂胶与理论干胶的计算比例如下：纯胶线按55%、纯胶块按35%、胶泥除杂质后按10%。

（3）产品结算办法。职工家庭各月干胶结算收入按海胶集团当月干胶销售综合平均单价进行预结算，年终结清。计算公式为：

当月预结算收入 =（当月实产干胶产量－月应上缴干胶产量）×月干胶平均销售价－当月应负担的全部费用

年终结算收入 =（当年实产干胶产量－年应上缴干胶产量）×年干胶平均销售价－当年应负担的全部费用－当年各月预结算额

（4）橡胶更新。一是更新管理。橡胶更新由分公司统一规划，并提前通知家庭承包户，按海胶集团公司规定的有关标准和程序办理，原则上33年为一更新周期。二是橡胶树更新的净收入。职工家庭连续承包岗位为五周年以上的，职工家庭承包户按每个承包年收入的1%享受更新木材净收入。承包期间，承包人擅自弃岗或因为违纪、违规被分公司收回承包岗位的，不享受更新木材净收入。

5. 风险机制

（1）风险管理。承包期间，无法抗拒的自然灾害（台风）造成当年干胶减产：胶树风害三级以上受害率在10%以下的（含10%），由就家庭承包户自行消化，不核减上缴产量；胶树风害三级以上受害率在10%以上、40%以下的，由分公司和家庭承包户进行评灾，调整定量上缴的承包上缴产量（家庭承包户应承担灾害损失总量的30%以上）。胶树风害三级以上受害率在40%以上或达到报废标准的，经集团公司审核批准，由分公司按有关规定统一更新处理。

（2）长期承包保证金制度。为了增强职工家庭承包户抵御自然灾害和胶价大幅下跌的能力，加强管理，减少企业承担的经营风险，便于进行胶园管理等不到位的结算、违规处罚等，建立长期承包保证金制度。

第一，长期承包保证金按月收入提取5%（月收入低于当地最低工资标准时可缓提）。

第二，分户记账（不计利息），每岗长期承包保证金最高额为10000元。长期承包保证金每年提取及使用情况定期向家庭承包户公布。

第三，长期承包保证金为承包人所有，分公司代管，当遭遇严重自然灾害或干胶价格大幅下跌时，进行胶园管理等不到位的结算、违规罚款等，由分公司根据实际情况核准使用。

第四，承包期满或承包期间合法终止承包责任时，长期承包保证金余额返还承包人。承包期间，如承包人擅自弃岗或因违纪、违规被分公司收回承包岗位的，除按有关规定处罚外，不退还长期承包保证金。

实行职工家庭长期承包，职工身份由简单的劳务承包转向资产承包，职工对胶树的关切度增加，极大地调动了职工生产和管理胶树的积极性。"不用怀疑，不用争议，不能唱反调"，这三个"不"字，是大丰农场党委在推行开割胶园长期承包改革时定下的调子。它是改革的思想基调，保证了改革的顺利推进。实行开割胶园家庭长期承包后，职工生产积极性空前高涨，工作主动性大大增强。实行开割胶园职工家庭长期承包后，从机制上保证了胶工收入的大幅度增加。职工家庭将部分橡胶上缴企业后，剩余部分"按市价结算"，大丰大幅度让利于胶工，幅度达49%，胶工月割胶收入成倍增长。实行职工家庭长期承包改革，给全场干部、职工思想和观念上带来了质的变化，因循守旧、故步自封等旧的思想观念逐步得到了改变，新的管理理念和管理意识得到了增强，增加了干部的使命感和紧迫感，促进了其工作作风的转变，提高了职工对承包岗位的关切度，使其逐步形成了自主经营、自我生产管理的意识。

二、股份合作制

（一）模式简介

按照中共十五届三中全会精神，总结橡胶以往经营体制的弊端，海南农垦提出了"农场+职工家庭合作经营"的橡胶经营模式。总的思路是，橡胶生产从开荒种植到割胶生产以职工家庭为基础进行经营，让职工家庭逐步成为"四自"经营实体，国有农场在开发规划、橡胶加工、产品销售上统一管理。农场以国有土地、技术服务和部分资金入股，职工家庭以其劳务和资金入股，形成农场与职工家庭合作，统分结合的双层经营体制。它的基本构架如下：

（1）按照现代大农业的要求建立国有农场"六统一""四到户""两自理"制度。"六统一"就是统一规划设计，统一开荒质量，统一品种优化，统一技术措施，胶水统一加工，产品统一销售。"四到户"即土地及橡胶资产承包、核算、盈亏、风险四到户；"两自理"即生产费用、生活费用自理。

（2）根据橡胶生产特性实行家庭经营，把职工家庭构建成国有农场内部的一个经营层次，并成为橡胶合作经营体制的基础和经营实体。职工家庭对橡胶园生产经营过程实行自筹资金、自主经营、自担风险、自负盈亏。职工以家庭为单位，与农场建立橡胶生产合作关系。

（3）根据农场社区管理与经济管理特点，把国有农场与职工家庭办成有隶属关系的经济契约关系。职工家庭在行政上接受农场在计划生育、环境保护、城镇规划等方面的领导，在经济上建立契约关系，按照事先建立的契约或农场职工代表大会讨论通过的经管方案，承担责任和义务。同时，根据土地、技术对橡胶生产整体效益的影响程度，确定分配比例，让职工家庭一开始就能预计未来的收益状况。

（4）按照互惠互利原则，组建农场与职工家庭组成的生产经营合作企业。合作的内容包括土地、技术、资金、劳务。开荒、种植、幼林抚管、割胶等的资金、劳务由职工家庭负责，而涉及全局性的如土地规划技术质量、产品加工销售则由农场负责，按照平等互利的原则，按橡胶生产的各个环节分开经营，形成农场与职工家庭共同共有，谁也离不开谁的合作关系。在合作中，能够由职工家庭单独完成的任务尽量让他们承担，让职工家庭通过多承担任务获得更多的利益，而农场可以逐步把主要力量放在技术开发、产品深加工等方面。

（5）按照有限责任的原则建立农场与其内部千家百户形成的具有内部二级法人地位的企业。它对农场来说，以土地、资金为出资额承担有限责任；对职工家庭来说，它是独立的经营实体，职工的利益与其所承包经营的橡胶园的经济效益连在一起。

这种公司+农户股份合作制的经营模式在各个农场的具体形式有所不同，具体有如下两种形式：

第一，产权出让型。将1995年以后农场开荒定植的橡胶中小苗全部划分出来让给职工，实行股份制经营、效益分成，即农场收回前期投资后，以土地、技术入股，职工出劳力、资金进行经营。其结算方式有三种：一是能一次性交清农场前期投资的，按前期投资的总额优惠10%，进入投产后，其产品实行农场三、职工七的分成方法；二是不能一次性交清农场前期投资的，农场则将前期投资转为贷款，逐年从产品收入中扣回，其产品也实行农场三、职工七的分成办法；三是不能交清农场前期投资，又不愿转贷经营的，农场按中小苗茎增粗每厘米1.10元结算给职工，胶园由其他职工经营。目前全场产权出让型经营的股份制胶园达

150 公顷，占 22.6%。

第二，合作开发型。这种形式主要采取农场统一回收、加工、销售，职工投入资金和劳动力进行管理。为了鼓励职工管好胶，将橡胶中小苗抚管期定为 8 年，提前投产，产品收入全部归职工个人，期满后投产，按农场三、职工七的办法分成。目前合作开发经营的胶园达 510 公顷，占 77.4%。

股份合作制胶园的产品结算办法为，以当月销售一级橡胶的平均单价计算，同时做好场务公开，每月三次派监督小组人员来农垦橡胶产品交易中心了解情况，监督结算价格是否合理。月月公布产量和结算情况，让群众监督。

（二）主要绩效

橡胶生产实行农场（公司）+职工家庭合作经营模式，是对历史的和现行的多种经营模式进行比较得出的符合目前生产力发展水平的经营模式，海南农垦自实行这种模式以来取得了一些初步成效。

（1）股份合作经营达到了减员增效的目标，实行这种宏观上以农场为龙头统一管理、微观上让职工自主经营的统分结合双层经营体制，符合市场经济规律运行机制。现在生产资料供应市场化、后勤服务社会化，机关行政管理也将逐步转化为指导服务。彻底打破了计划经济体制下围着橡胶树头转的高成本低效益的经营方式，达到了减员增效的目的。现在橡胶生产队职工满负荷承包经营，不配后勤辅助人员，干部精减 50%，每队仅 1.5～2 名干部，机关总部管理人员裁员 50%。

（2）职工拥有一定的产权，真正成为胶园的主人，从根本上调动了工人的生产经营积极性。胶工努力经营，产品除了上交农场，余下的全部归己，胶园成为职工收入的主要来源，管理越好收入越高（胶工主业橡胶收入劳均可达 7000～7500 元）。这把劳动者和劳动对象、经营效果与收益水平紧密结合起来，使职工既是劳动者又是经营者和利益受益者，从根本上激发了职工的生产积极性，促进了生产力的发展。

（3）职工投资入股橡胶园，实行利益同享风险共担，强化了职工的经济效益意识。职工既可以在橡胶生产投资入股中得到丰厚的回报，又要承担生产经营中可能出现的各种风险，这就强化了胶工想方设法避免风险的意识，以保证自己的投资回报。所以在胶园管理、割胶技术、护林保胶、防病治病、胶乳收集运输和产品加工等方面，他们既注意数量、质量，又关心效益，千方百计使投入的每一笔资金和进行的每一项生产作业发挥最大的作用而给自己带来最佳经济效益，改变了过去"队长打钟我打工，农场出钱我干工"的雇佣关系，使产权制度改革的单位生产管理和经营效益有了明显的提高。

农场+职工家庭股份合作经营和建立起新的统分结合双层经营机制，给企业注入了不竭的动力，改变过去国家独资为多方投资，单一所有为混合所有、单一经营为双方共同经营，从根本上调动了工人的生产经营积极性，促进了橡胶生产的发展和经营效益的提高。

（三）存在的问题

（1）股份合作制作为农垦企业深化改革转换机制的产物，已初步显示出其较强的生命力，发展前景看好。但它毕竟是新生事物，必须在积极发展的原则指导下，不断总结经验，逐步推进。

（2）由于主客观因素的影响，目前推行股份合作制仍存在一定的难度：一是中层干部思想认识不足，有抵触情绪，怕实行股份合作制会失去手中的大权，存在等待、观望的想法；二是多数农垦职工收入低微，只能维持温饱，拿不出更多的钱来认购股份；三是国有资产特别是国有胶园评估作价难度大，作价高了，职工不愿入股，作价低了，又怕变相造成国有资产流失；四是到目前为止，国家仍未对垦区进行国有胶园评估作价授权（若不给垦区授权，则评估作价更难保证其准确度），产权制度改革也只能停留在试点阶段，无法大规模推广实施。

（四）案例分析——南俸农场

南俸农场创建于 1955 年，位于琼海市西部。初期为育种站，1966 年改为农场，1969 年建制为建设兵团，1974 年恢复为农场，2008 年重组被兼并入东太农场。原南俸农场以橡胶生产为主，从 20 世纪 80 年代开始，该场就实行了"家庭承包""联产计酬""定岗、定产、定价"的生产经营管理制度。尽管这种制度在当时确实调动了职工的积极性，促进了农场生产力的发展，但随着市场经济的发展，计划经济条件下的经营管理制度越来越不适应形势发展的要求：生产要素得不到合理配置；管理不到位；强割、超割、掠夺性生产行为难以遏制；分配机制不活，不论干胶卖多少钱，胶的单价都不变，职工的积极性不高。如果按这种经营体制继续下去，那么农场会亏损，甚至破产倒闭。面对严峻的现实，该场场长、党委书记朱传荫等决策者们清醒地认识到，不改革现行国有胶园的经营体制，农场就没有出路。于是，一个崭新的尝试在南俸农场稳步进行。在推行职工家庭长期承包经营胶园的基础上，大刀阔斧地进行农场生产经营体制的改革。

2001年在海南垦区率先实行股份合作制胶园的管理体制，创造出了海南农垦国有橡胶管理的新模式。股份合作制胶园的产品结算办法为，以当月销售一级橡胶的平均单价计算，同时做好场务公开，每月三次派监督小组人员来农垦橡胶产品交易中心了解情况，监督结算价格是否合理。每月公布产量和结算情况，让群众监督。

为了积极稳妥地搞好股份合作制胶园管理制度的改革，农场的决策者们研究制定了四项措施：

（1）不断强化管理工作。成立管理中心，全面负责该场股份合作制橡胶园的开发和管理，配备6名管理人员，一名副场长专门抓这项工作，并由职工选举产生5人监督领导小组。不断完善管理服务机制和制度，先后制定了《南俸农场职工发展自营橡胶的若干意见》《南俸农场自营橡胶管理规定》《关于橡胶中小苗个人经营的试行方案》《南俸农场自营橡胶发展规划》等。同时对职工合作开发的胶园制订出了一系列的管理办法：组织人员对全场职工的股份合作制橡胶园进行全面苗木清点、土地丈量、定位绘图、编号造册、建立档案，进一步规范股份合作的行为。该场还组织技术队伍，加强检查指导，做好开荒定植，提高中小苗技术管理水平，进行割胶技术培训，做好防病治病和化肥供应，主动为职工服务。每年在橡胶"两病"防治时，该场都统一组织劳力，统一调配机械、农药，进行硫黄粉的喷药防病工作。对胶园的常规管理，该场同样列入计划，检查落实，每年帮助职工购入化肥100多吨，保证了胶园管理和必要投入，从而增强了胶园的生产后劲。

（2）切实抓好帮扶工作。一是在思想上扶持。在长期计划经济体制的影响下，职工一切都由农场包下来，因而职工存在着严重的"等、靠、要"思想。农场领导班子积极向职工宣传党的富民政策，使广大职工树立信心种好胶。二是在资金上扶持。为了调动职工与农场合作开发种胶的积极性，对投入资金有困难的职工，该场担保贷款累计达260多万元。此外，每年还拨出10万元扶持资金，解决开发过程中的资金不足问题。三是在土地上扶持。该场从更新的胶园中划出一部分土地让职工与农场合作开发。同时还与当地乡镇协商，解决农民占用农场土地的问题，现已回收农民占用土地133多公顷，用于农场职工开发种胶；四是在种苗上扶持。为了保证胶园的高产、稳产，该场严格把好种苗关，组织科研部门负责培育橡胶优良品种芽接苗的供求工作，该场还对有困难的职工采取"先让职工种植，待开割后才收回种苗款"的办法。

（3）以典型带动促进发展。在开发股份合作制橡胶园中，农场及时发现和树立典型，例如，干部夏长保开发种植橡胶14公顷，年产干胶22吨；工人李惠英种植橡胶15公顷，年产干胶9吨。特别是该场红旗队青年邓世华前些年外出打工受挫折后，在农场和队的帮助下，安心在农场搞开发，种下4公顷橡胶以及其他经济作物，效益相当可观。农场及时总结这些典型，组织职工参观学习，并把典型经验编印成册，在全场进行巡回报告，极大地调动了职工的积极性。

（4）强化社会治安，解决职工后顾之忧。在发展股份合作制胶园过程中，职工最担心的是社会治安问题。为解决职工的后顾之忧，农场先后规范制度，强化治安管理。先后制定了《股份制胶园的有关管理规定》《联防公约》《护林保胶的若干规定》等，同时人人与单位签订护林保胶保证书，以规范职工群众的职业道德行为。同时加强联防，开展群防群治，每年召开两到三次乡镇联防会议，共同维护橡胶的生产秩序。成立护林保胶队，加强巡逻，发现问题及时处理，对那些破坏、偷盗胶园的不法分子从严处罚。近三年来，对21名职工违反割胶技术规程、偷卖胶水、弄虚作假等行为进行了及时处理，有效地维护了胶园的生产经营秩序。

经过几年的努力，橡胶经营体制改革使南俸农场自1999年以来（除2001年胶价低于6000元吨造成亏损外）每年都实现盈利，产量年年创历史新高。事实证明，这种改革所取得的成效，不仅是简单的干胶产量提高和中小苗的大幅度增粗，更可喜的是使有利于生产力发展的因素得到了更大提高，全员劳动生产率明显提高。全场从原来1200多名胶工通过竞争上岗减少到现在只有850名胶工，从原来每位胶工承包600多株开割树到现在的近900株（最多的有1700株），基本实现了胶工满负荷承包经营，增加了职工收入，增强了职工市场成本观念。价格随市场浮动，形成了职工与农场利益共享、风险共担的机制，减少了核算中间环节。在财务核算程序上直接核算到户，提高了职工主人翁地位。职工自觉把胶树当成自己的一份产业，积极加大对胶园管理的投入，减轻了护林保胶的管理压力。原来农场配备50多名护林人员都很难控制偷卖胶水行为，现在职工自己组织起来护林保胶，减少了管理人员和辅助性人员。过去每个生产单位有近10名管理人员和辅助性人员，现在减去了五大员（即辅导员、卫生员、保育员、炊事员、植保员），减幅50%，降低了生产成本，干胶直接生产成本由原来每吨5200元降到4900元，降低了近300元。

南俸农场目前社会治安稳定，职工收入不断增加，生活水平不断提高。全场职工家庭安装程控电话1200部、移动电话500部、机动车辆1300辆（包括摩托车）；安装了有线电视；职工住房全面实现了平顶化，大部分生产单位实现了道路硬板化。多年来，农场被省委省政府、农垦总局授予"无毒农场""无法轮功单位""社会治安综合治理先进集体""劳动人事制度二等功""优秀企业""企业经营管理先进单位"等荣誉称号。

三、职工自营胶园

（一）模式简介

1984 年，各农场动员职工家庭自筹资金并依托世界银行贷款，承包农场还没有开发为橡胶林的"四荒"（荒山、荒坡、荒沟、荒滩）地，承诺开发出来后归个人获利，并签订了承包合同，这就是"自营胶"。

自营胶园即由职工家庭承包国有农场土地，自筹资金开发种植自营橡胶园。20 世纪 80 年代初期，垦区就开始尝试职工家庭长期承包土地自费开发植胶的改革，但进展缓慢。截至 1998 年底，职工家庭自营胶园面积仅为 3799 公顷，其中已开割橡胶面积为 2802 公顷，当年共生产干胶 2960 吨，占全垦区的比重分别为 1.5%、1.5% 和 1.4%。它包括 20 世纪 90 年代办家庭农场时，从国有农场贷款开发种植的橡胶和职工利用自有资金在周边零星开荒种植的橡胶，以及并队农民的自营橡胶。职工自费种胶，产权属个人所有，能够最大限度地调动职工对橡胶生产关切度，与国有橡胶对比，投资主体完全到位。

海南农垦职工自营经济，是职工在家庭副业基础上深化发展起来的一种以市场为导向，自费投入、自主经营、自负盈亏、自我发展、自我约束的个体性质的经济。它经历了由小到大，由自给自足的自然经济到面向市场的商品经济，由庭院内小打小闹到庭院外成片综合开发，由种养殖业到工、商服务行业，由岗位外业余、工余经营到部分人从岗位分离出来独立经营，由以家庭为经营单位到出现联合体、公司加农户的经营模式，由职工自发经营到工会扶持这样一个不断深化、发展的过程。现在已形成一定规模，在工作上出现了党政工齐抓共管蓬勃发展的新局面。

到 2017 年底，海南垦区自营胶总面积为 2.52 万公顷，共有 65 个农场、42045 个职工从事自营胶生产，面积占垦区橡胶总面积的 9.5%，有自营胶的农场数量已占垦区现有农场数量的 70.7%。据海南农垦局 2019 年统计，职工自营经济的橡胶种植面积为 3.02 万公顷，占全局橡胶面积的 11.9%；2019 年，海南农垦职工自营经济总收入达到 716506 万元，占全垦区社会总产值的近 1/4，职工自营经济纯收入达 267744 万元，自营经济劳均收入为 8252 元，占劳均总收入的 41.5%，占工资收入的 70.9%。自营经济从业人数为 33.97 万，其中农业从业人数为 14.62 万，林业为 5.37 万人，占总人数的 21.15%。

（二）主要绩效

橡胶作为海南农垦经济的支柱产业，在原材料价格上涨、成本提高、增支因素增加、市场疲软、价格暴跌的情况下，效益大幅度滑坡，农垦经济面临严重困难。因此，调整和优化产业结构和所有制结构，加快发展职工自营经济势在必行。

海南农垦的职工自营经济，就是适应海南农垦现阶段的生产力发展水平，在做好橡胶主业、维护农场公有制的基础上，符合海南农垦分散作业的特点，自己投资、自主经营、自担风险、自负盈亏、自我收益，充分利用土地和人力资源，大力发展种养业而发展起来的私有经济。它很快就与公有制橡胶主业经济统一在海南农垦现代化建设的进程中，橡胶主业的收入是发展职工自营经济的前提和基础，自营经济的收入能够促进主业的发展，两者相辅相成，因而很快就被广大职工所接受。海南农垦是 20 世纪 50 年代初期建立起来的天然橡胶生产基地，现年产干胶 20 多万吨，占全国干胶总产量一半以上，为中国的国防建设、经济建设和祖国边疆的安定做出了重大贡献。但近些年来由于自然灾害的袭击，再加上自 20 世纪 90 年代开始，国内天然橡胶市场放开，进口胶、边贸胶、走私胶大量涌进，海南农垦经济陷入困境。在这个非常时刻，是职工自营经济的超速发展，才扭转了这一被动的局面。

第一，职工自营经济增加了职工收入，稳定了职工队伍，促进了公有制经济的发展，加快了职工奔小康的步伐。近几年，由于胶价持续走低，海南农垦每年都减收几亿元，许多农场的经济承受能力已经到了极限。与此形成鲜明对比的是，职工自营经济每年增收也在几亿元，这样才支持了海南农垦年 8% 的增长率，才实现了在非常时期农垦职工队伍的稳定。尤其是 2019 年，海南农垦职工自营经济纯收入达 12.3 亿元，职工人均年自营经济纯收入达 5032 元，占总收入的 56%。近几年海南农垦职工队伍稳定，自营经济的发展起了重要作用。海南农垦工会于 1992 年对十几个生产队的调查表明，凡是自营经济搞得比较好的单位，即使岗位承包收入不高，职工思想也比较稳定。反之，职工外流现象严重。西达农场向阳队是个难侨队，过去由于承包岗位不饱满，职工收入低，有些想前往中国香港，有些盲目流动。发展自营经济后，1989 年劳均收入达到 2623 元，职工以场为家，勤劳致富、思想稳定。大岭农场一名职工，1992 年自营经济收入为 3 万元，增加了其建设农场的信心，于是他打消了回广州老家的念头，计划奋斗 10 年，自营经济累计收入超 40 万元。

第二，职工自营经济使海南农垦的人力资源和土地资源得到了充分合理的利用，有利于海南农垦职工总体生活水平的提高。自营经济的发展，不仅解决了在职职工岗位任务不饱满的问题，而且使一些待业人员、职工家属，有劳动能力的离退休职工的劳动潜力都被挖掘出来。他们在有限的土地上开发种植，将一些边角地、房前屋后、道路旁、小沟边都见缝插针地利用起来，能种一棵就种一棵，能种一片就种一片；同时使一些荒山、薄地也得到成片开发，并且在胶园里间作、套种，大大提高了土地利用率，发展了立体高效农业。自营经济发展的同时，也开发利用了农垦范围内的其他资源，如水、山等。人力、土地等资源的充分利用，直接提高了海南农垦职工的总体收入水平。2001 年劳均收入 1 万元以上的农场已达到 23 个。

第三，把职工和企业推向了市场。在计划经济体制下，海南农垦按照国家下达指令性计划经营橡胶生产，产品靠国家定价、包销，企业和职工只顾生产不问经营。自营经济的发展，把职工和企业真正推向了市场。自营经济发展初期，也出现过不顾市场需求盲目生产的倾向。实践使职工懂得在发展自营经济时，眼睛必须盯着市场，并根据市场的需求和变化及时调整自营经济的生产计划。企业在为职工自营经济服务的过程当中也学会了开拓市场、预测市场和培育市场，及时引导职工调整产业结构和产品结构，使垦区的人力资源和土地等自然资源得到充分、合理利用。

第四，加快发展职工自营经济，有利于增强农场抗御自然风险和市场风险的能力。海南农垦是中国最大的天然橡胶基地，但几乎每年都遭受热带风暴的袭击，使橡胶树和其他作物及房屋、交通电信、水利等设施受到不同程度的破坏，造成干胶产量减少，职工工资发放不出或推迟。2008 年，受东南亚金融危机的影响，胶价暴跌，仅价格一项就要损失 8 亿多元人民币。农场普遍亏损，职工收入下降。在困难面前，农垦各级领导在抓好橡胶生产的同时，积极引导、扶持职工发展自营经济，增加职工收入，缓解困难，基本稳定了队伍。

第五，自营经济突破了海南农垦经济体制的禁区，为农垦经济的振兴提供了一条有效途径。职工自营经济，实质是一种职工个体经济成分，它的发展突破了农垦传统经济体制的禁区。放开手脚发展自营经济，加快了致富的步伐，对企业摆脱困境起到了促进作用。大岭农场把大片荒地划给职工自费投入种植橡胶，有280名职工从橡胶生产岗位分离出来，不用农场投入，自己开发建设了300公顷橡胶园，农场没向职工发一分钱工资，职工一年反而向农场交管理费40万元。

（三）存在的问题

由于自营胶园没有国有农场的参与和管理上的统一，职工自营种胶也出现一些问题。一是个人受资金不足限制，完全靠个人自有资金很难形成规模，产值不大，从而影响效益；二是在完全由职工个人所有的情况下，农场失去了应有的统一与协调管理，技术方面没有农场的强制培训，造成技术水平参差不齐，一些达不到开割标准的橡胶树提前开割了，一些本来可以进行割制改革的，也由于个人的错觉不能进行割制改革，影响了橡胶经济效益，不利于形成产业化和社会化生产。

（四）案例分析——中坤农场

海南省国营中坤农场创建于1952年，位于屯昌县西部，原是一个以生产天然橡胶为主，综合经营农工商贸运的全民所有制企业。2019年2月，海南农垦实行扁平化管理，把原中坤、黄岭、晨星农场重组为中坤农场，拥有土地总面积2.78万公顷，其中国有橡胶园及防护林用地1.05万公顷（其中分公司经营橡胶用地1.02万公顷），自营胶用地面积0.3万公顷，其他经济作物面积0.4万公顷，农场现有总人口3.5万人，农场（社区）现有从业职工2299人，其中在岗职工858人，在册无岗893人，内退、退职人员548人，农场每年要承担富余人员的养老保险费达783万元，同时还要解决内退、病退人员生活费100多万元。

农场目前还是以橡胶等自营经济为支柱产业，加快发展第二、第三产业，因此，应探索一条符合农场经济发展的路子，充分发挥农场的资源优势，增强农场发展活力。

第一，大力发展职工自营经济，充分利用农场土地资源优势，以市场为导向，以促进农场增效、职工增收为目标，在原良好发展的势头上，继续鼓励扶持职工发展自营经济，促进产业结构调整。

第二，出台了《农场土地管理有关规定》，对土地管理进行规范，并对全厂规划外的用地实行一定优惠，促使全场自营经济面积始终保持增长的态势。农场在重点项目扶持的基础上，倡导职工树立"重投入重管理"的自营经济生产管理理念，摒弃过去"轻投入、轻管理"的做法，提高为职工服务的水平。

第三，做好农场土地承包租金收缴工作。为了确保国有土地有偿使用，实现农场国有土地科学规范使用，更好地完成土地租金收缴，2020 年社区机关干部分成 24 个小组，抽签挂钩联系生产队收取土地租金。截至 2020 年底，全场收取土地租金人民币 918968.55 万元，并追回拖欠土地租金人民币 5.2511 万元。

四、本章小结

本章从定性的角度对海南国有天然橡胶现存的三种经营模式进行论述，主要从模式简介、主要绩效和存在问题三个角度对每种模式进行阐述，并就每种模式举一个农场作为典型进行案例分析。从总体上看，三种模式各有利弊，但是从分析结果及实际调研情况可知，广大干部和职工对这三种模式的态度差异较大，综合各方态度得出，首先对股份合作制的积极性和支持度比其他两种模式要高一些，其次是家庭承包，最后是自营胶园。通过比较可以得出以下结论：

（1）国有胶与股份胶在实质上是相同的，两者最大的区别在于分成比例不同，同时职工拥有的产权比例不同，国有胶要么是 100% 的全部国有产权，要么是分成比例上国有产权占较大比重，产权界定不清楚，因此职工生产和管理的积极性不高，还停留在原来的劳务承包的思想意识上，容易造成职工的强割和偷割等短期行为；而股份胶则明确产权的 60%～70% 是属于职工的，因此职工都把胶园看成自家的，对胶园主动积极地进行精细化管理，偷胶行为能够得到有效的遏制，减轻护林保胶的任务和压力。

（2）国有胶与股份胶相比，在技术方面、规模方面具有比较明显的优势，但存在经营管理体制滞后、产权不清、机构臃肿、人浮于事、管理效率低下等问题；而股份胶则在胶园精细化管理、护林保胶、生产成本上具有其自身的优势。自营胶与前两者相比，优势就在于职工拥有完全的产权，因而在生产成本上能尽量节约管理费用等间接成本，但也存在技术、资金和胶水质量方面的发展瓶颈。

（3）国有胶与股份胶的区别还体现在承包期的不同。国有胶从开荒定植到种苗种植都是由海胶集团统一进行，这个过程中的费用全部由总公司承担，国有胶园分两个承包期：一个是种植后的前 8 年，属抚管期；另一个是从橡胶开割开始到橡胶树更新，25 年左右，称为"国有开割胶园职工家庭长期承包机制"。而股份胶的承包期包含抚管期和开割期在内的 33 年，从开荒定植到橡胶树更新整个过程的所有费用由职工自己承担，等投产后再按 6：4 或 7：3 的比例分成。

（4）股份合作制优于其他经营模式主要体现在以下几个方面：

第一，首先，橡胶生产受自然条件特别是气候的控制，人们必须遵循气候变化和橡胶特性进行劳作。其次，橡胶是长期作物，非生产期特别长，一般幼树需抚管 8~9 年才能投产。橡胶的这种特性需要有相对长期稳定的生产经营者。再次，橡胶生产受多种因素影响，客观上有自然环境、土地、气候品种等，主观上有割胶技术、林段抚管水平等，它的这一特性，要求生产者能积极主动、不误农时地去劳作。职工家庭经营才能激发生产者的主动性和创造精神。最后，大田生产的橡胶，其投入产出在短时间内不一定成正比，加上林段管理零星杂工多而又不便量化，职工家庭可利用零散时间管理，不需对每时每事计酬，而只要与最终经济效益联系就行了。

第二，现代农业要求橡胶经营全过程必须有农场的参与。一方面，从国际大农业发展道路来看，橡胶生产产业化离不开社会化大生产。而且，由于农场办社会的特殊情况，橡胶生产离不开农场的协调和指导。另一方面，橡胶抚管期长，投资大，完全靠职工家庭投资很难形成一定规模，因而也无法形成规模效益。只有通过国有农场的参与，或以借贷入股形式参与开发，才能保证大多数职工家庭达到一定的生产规模。

第三，合作经营是农场与职工家庭都能接受的方式。橡胶生产从育苗、种植、管理、割胶，到胶水加工、产品销售，与其他农业项目比，工序多、链条长，单靠职工家庭是难以完成全部工作的。

总之，橡胶生产实行"农场+职工家庭合作"经营模式，是通过对历史的和现行的多种经营模式的比较得出的符合目前生产力发展水平的经营模式，是海南农垦改革橡胶经营体制的必然选择，也可能是最佳选择。

第六章 海南农垦天然橡胶生产经营模式的效率分析

一、对家庭长期承包模式的分析

(一) 模型方法

DEA（Data Envelopment Analysis）又称为非参数方法，由著名运筹学家 Charnes 和 Copper 等于 1978 年提出，是一种以相对效率为基础的多投入多产出分析方法。中国自魏权龄（1988）系统介绍 DEA 方法之后，关于 DEA 方法的理论研究及应用推广的科研成果问世。在 DEA 的思想体系下，每一个评估对象作为一个决策单元（Decision Making Units，DMU），通过对评价单元投入产出比率进行分析测算，得出有效的效率系数，以此判定各个评价单元是否 DEA 有效，并且利用投影方法可以指出非 DEA 有效 DMU 的原因及应改进的方向和程度（朱乔，1994）[①]。与一般的计量方法相比，DEA 的最大优点是不需要事先设置生产函数，DEA 方法对变量数据并不进行直接计算，因而在运行前不需要对数据进行无量纲化处理，即投入产出指标的量纲选取对每一个决策单元的相对有效性评价结果没有影响，因此在简化运算和减少误差方面具有较大的优越性。

DEA 方法是在评价投入-产出效率方面行之有效的方法，目前已经广泛应用于多个研究领域。DEA 分为投入导向型（Input Orientated）和产出导向型（Out-

---

[①] 朱乔. 数据包络分析（DEA）方法综述与展望［J］. 系统工程理论方法应用，1994，3（4）：1-9.

put Orientated）两种（李光金，2001）[①]。产出导向型即在投入固定的条件下寻求产出的最大化；投入导向型是在产出一定的条件下尽量减少投入，达到资源的优化配置。DEA 众多模型中最典型的为 CRS 模型和 VRS 模型，CRS 模型是在假定规模报酬不变的前提下测算包含规模效率在内的综合效率，VRS 模型是在规模报酬可变的条件下对每个 DMU 的纯技术效率和规模效率进行测算。CRS 模型假定所评价的 DMU 的规模报酬不变，而现实中是很少能够实现的，因此本书在研究时将综合使用 CRS 和 VRS 两个模型，将每个天然橡胶种植农场作为一个独立的 DMU，测算其综合效率、纯技术效率和规模效率。具体的模型表达如下：

1. 模型一（CRS 模型）

$\text{Min}\theta_c$

$$\text{s. t.} \begin{cases} \theta_c x_0 - \sum_{j=1}^{N} \lambda_j x_j \geq 0 \\ -y_0 + \sum_{j=1}^{N} \lambda_j y_j \geq 0 \\ \lambda_j \geq 0 \\ j=1, 2, \cdots, N \\ \theta_c \geq 0 \end{cases}$$

其中，x_0 和 y_0 分别为天然橡胶种植农场的投入和产出向量，x_j 和 y_j 分别为第 j 个天然橡胶种植农场的投入和产出向量，λ_j 为赋予每个决策单元的权重，θ_c 为苹果种植户在规模报酬不变假设条件下的综合效率，θ_c 的值在 0 和 1 之间，θ_c 值的大小反映天然橡胶种植农场投入-产出有效率的程度。若 $\theta_c=1$，表明天然橡胶种植农场投入—产出完全有效率，即技术和规模同时有效，所谓技术有效，就是指苹果种植户能够将投入资源充分利用以实现产出最大化，经营处于最佳状态；规模有效指天然橡胶种植农场的经营处于规模效益不变的阶段，即产出量随着投入量以同等比例扩大或者缩小。若 $\theta_c<1$，说明对现有技术的利用和生产要素的配置未达到最优，1-STE 即为存在的效率损失，在进行效率优化调整时，需要将原始的要素投入量按照（1-STE）的比例缩减。

① 李光金．评价相对效率的投入—产出型 DEA［J］．管理科学学报，2001，4（2）：58-62.

2. 模型二（VRS 模型）

$\text{Min}\theta v$

$$\text{s. t.} \begin{cases} \theta vx_0 - \sum_{j=1}^{N} \lambda_j x_j \geq 0 \\ -y_0 + \sum_{j=1}^{N} \lambda_j y_j \geq 0 \\ \sum_{j=1}^{N} \lambda_j = 1 \\ \lambda_j \geq 0 \\ j = 1, 2, \cdots, N \end{cases}$$

其中，θv 代表天然橡胶种植农场在规模报酬可变假设条件下的纯技术效率，可以衡量天然橡胶种植农场在投入导向下的综合无效率有多少是由纯技术无效率造成的。θv 的值也在 0-1 之间，其他变量的含义与 CRS 模型中相同。

规模报酬不变条件下的综合效率 θc（投入-产出效率）和规模报酬可变条件下的纯技术效率 θv 和规模效率 θs 的关系为：

$\theta c = \theta v \times \theta s$，$\theta s = \theta c / \theta v$

通过综合效率、纯技术效率和规模效率的换算关系，我们可以进一步测算每一个苹果种植户的规模效率 θs，从而能够衡量特定的投入水平下，天然橡胶种植农场的种植规模是否最优。

（二）变量选择

在充分考虑天然橡胶产业的属性和特点的基础上，结合现有的统计数据和资料，本书提出了实证分析的假定条件如下：

（1）天然橡胶产业属于土地约束型、劳动密集型产业，假定各农场天然橡胶产量只与劳动力的投入和土地面积有关；

（2）劳动力对天然橡胶产量的影响只体现在割胶工人的人数投入上，即各农场割胶工人的技术和劳动是同质的，且不考虑种植、施肥、灌溉和管理等环节对橡胶产量的影响；

（3）干胶总产量可以很好地衡量橡胶的产出，且各农场生产的干胶是同质的；

（4）不同地区天然橡胶的种植生长过程受自然条件（如土壤肥力、降雨和气温等）的影响相同，即各农场的橡胶生产率与土壤的肥力及自然气候无关。

投入和产出变量的选择要符合 DEA 方法的客观要求，即首先要能够客观地反映评估对象的竞争力水平，其次要具备管理可控性，最后要考虑变量数据的可获得性。实际应用中，通常根据经验：DEA 模型中输入输出指标的总数不宜多于 DMU 元素个数的 1/2；投入指标越小越少越好，而产出指标则越大越多越好。基于上述假定条件，由于《海南农垦统计资料》没有统计各农场橡胶生产资本投入数据，为了能够客观而全面地反映样本户的效率水平，在综合考虑投入要素在橡胶生产过程中的相对重要性和变量数据的易获得性的基础上，本书选取了 2 个产出变量：一是干胶总产量，单位为吨；二是以当年价格计算的橡胶总产值，单位为万元，由于三种模式下的橡胶价格都是统一采用 2010 年的市场平均价，所以具有可比性。本书选取了 2 个投入变量：一是土地面积采用橡胶开割面积（已经投产的橡胶面积），单位为公顷；二是劳动投入，应包括橡胶种植、施肥、灌溉、割胶等一系列过程所投入的劳动力数量，但考虑到数据收集的困难，采用各农场橡胶工人人数，单位为人。

（三）结果分析

通过对调研数据的整理分析发现，国有胶的数据以 2010 年 44 家公司的数据最为完整，因此以这 44 家公司为例。以 2010 年数据为准的原因在于，该年的数据是到目前为止可以获取的最新数据，2010 年海胶集团上市之后，有关天然橡胶的数据特别是成本数据属于公司的高度机密文件，不能对外公布，导致很多数据无法获取；还有一个原因是，2008~2009 年海胶集团对其下属的分公司和农场进行合并和重组，因此这 2 年属于过渡时期，其数据资料比较混乱，有些采取合并前的数据，有些采取合并后的数据，名称上也有差别，因此选择 2010 年这一比较稳定的年份，各个分公司和农场的数据均已统一标准和统计口径。

根据投入导向型的 VRS 模型，应用 DEAP 2.1 软件测算的国有胶的生产技术效率结果如表 6-1 所示。

表 6-1　2010 年国有胶技术效率、纯技术效率和规模效率

农场	技术效率	纯技术效率	规模效率	规模报酬
红明	0.425	0.461	0.921	递增
东昌	0.506	0.562	0.900	递增
东路	0.373	0.559	0.667	递增
南阳	0.491	0.598	0.822	递增

续表

农场	技术效率	纯技术效率	规模效率	规模报酬
东太	0.580	0.663	0.875	递减
东红	0.554	0.577	0.960	递增
东升	0.690	0.705	0.979	递增
东兴	0.643	0.672	0.957	递减
东和	0.616	0.746	0.826	递增
新中	0.516	0.606	0.851	递减
中瑞	0.553	0.574	0.964	递增
南海	0.433	0.459	0.943	递增
金鸡岭	0.476	0.555	0.858	递增
中建	0.614	0.617	0.995	递减
中坤	0.719	0.720	0.999	递增
红光	0.685	0.706	0.970	递增
西达	0.521	0.565	0.923	递减
金安	0.303	1.000	0.303	递增
红华	0.641	0.646	0.992	递减
加来	1.000	1.000	1.000	—
西培	0.946	1.000	0.946	递减
西联	0.777	1.000	0.777	递减
八一	1.000	1.000	1.000	—
岭门	0.669	0.711	0.941	递增
南平	0.655	0.660	0.992	递增
畅好	1.000	1.000	1.000	—
金江	0.615	0.631	0.976	递减
三道	1.000	1.000	1.000	—
南田	0.643	0.654	0.984	递增
南新	1.000	1.000	1.000	—
立才	0.639	0.662	0.966	递减
南滨	0.595	0.597	0.996	递减
保国	0.773	0.775	0.998	递增
乐光	0.656	0.684	0.958	递减
山荣	0.879	0.967	0.909	递减
广坝	0.772	0.808	0.956	递减

续表

农场	技术效率	纯技术效率	规模效率	规模报酬
红林	0.872	0.878	0.994	递增
白沙	0.870	0.876	0.993	递增
龙江	0.909	1.000	0.909	递减
邦溪	0.936	0.971	0.963	递减
阳江	0.879	0.937	0.938	递减
乌石	0.686	0.721	0.952	递减
加钗	1.000	1.000	1.000	—
长征	0.730	0.836	0.873	递减
平均值	0.671	0.733	0.919	—

资料来源：根据模型计算结果得出。

由以上测算结果可以看出，国有胶的技术效率平均值为 0.671，仅处于中等水平，其中技术效率达到完全有效的只有 6 个农场，且这 6 个农场的纯技术效率和规模效率均为有效。从整体上看，国有胶技术效率的高低主要取决于规模效率，规模效率对技术效率的贡献大于纯技术效率，规模效率平均值达 0.919，而纯技术效率仅为 0.733，大多数农场都实现了规模效益，从农垦规模效率来看，海南农垦规模效率基本处于较高水平，这与农垦的经营性质有关系。规模报酬递增和递减的农场各为 19 个，这说明有 43% 的农场规模收益还有待提高，产出仍有较大的改善空间，可以通过扩大生产规模来提高经营效益，从而提高生产效率。

二、对股份合作制的分析

（一）数据说明

通过对调研数据的整理分析发现，17 家公司提供的数据中投入产出变量都齐全的股份胶数据只有 11 家，提供股份胶数据的农场之所以如此之少，是因为股份合作制虽然从 20 世纪 90 年代就开始试行，但并非每个公司都推行这项制度，而且从 2008 年开始海胶集团总公司规定不允许分公司再实行股份合作制，所以最终导致上规模的、实行时间比较长的仅有近 11 家公司。

（二）模型计算

根据投入导向型的 VRS 模型，应用 DEAP 2.1 软件测算的股份胶的生产技术效率结果如表 6-2 所示。

表 6-2 2010 年股份胶技术效率、纯技术效率和规模效率

农场	技术效率	纯技术效率	规模效率	规模报酬
东太	0.394	1.000	0.394	递增
金鸡岭	0.289	0.752	0.385	递增
中坤	1.000	1.000	1.000	—
西培	1.000	1.000	1.000	—
西联	0.760	0.762	0.998	—
八一	0.558	0.587	0.950	递增
金江	0.498	0.498	1.000	—
白沙	0.656	0.656	1.000	—
龙江	0.882	1.000	0.882	递增
阳江	0.493	0.524	0.942	递增
乌石	1.000	1.000	1.000	—
平均值	0.685	0.798	0.868	—

资料来源：根据模型计算结果得出。

（三）结果分析

由以上测算结果可以看出，各个农场股份胶的技术效率差异较大，其平均值处于中等水平，而这主要取决于规模效率，规模效率的贡献大于纯技术效率，说明技术效率的提高主要依赖于规模效率的提高，规模效率平均值达到了 0.868，纯技术效率仅为 0.798。从整体上看，股份胶达到技术效率完全有效的农场有 3 个，占全部样本的 27%，说明大多数农场的股份胶生产效率都达到了较高的水平，这与股份胶产权清晰、职工占有较大比例的股份有很大的关系。而且，股份胶的规模报酬都呈递增趋势，说明股份胶的产出仍有较大的改善空间，可以通过扩大生产规模、优化要素资源配置来提高整体的生产效率。

三、对职工自营胶园的分析

（一）数据说明

通过对调研数据的整理分析发现，17 家公司提供的数据中投入产出变量都齐全的自营胶数据只有 14 家，提供自营胶数据的公司仅有 14 家，原因在于自 20 世纪 90 年代创办家庭农场开始农垦总局才允许自营胶园，但是可开荒、宜种胶的土地毕竟很有限，职工自营胶在面积上受到很大的限制，仅限于在自家房屋附近的一些空地上种植，而且规模也很小，但考察天然橡胶生产经营模式时其又是一支不可忽视的力量，因此把自营胶园也列为经营模式之一，在与国营胶的成本对比及提出降低成本的途径上有很大的借鉴价值和意义。

（二）模型计算

根据投入导向型的 VRS 模型，应用 DEAP 2.1 软件测算的自营胶的生产技术效率结果如表 6-3 所示。

表 6-3　2010 年自营胶技术效率、纯技术效率和规模效率

农场	技术效率	纯技术效率	规模效率	规模报酬
东太	0.106	0.227	0.466	递减
金鸡岭	0.054	0.279	0.194	递增
中建	0.183	0.385	0.475	递增
中坤	0.293	1.000	0.293	递减
金江	0.388	0.526	0.738	递增
红光	0.043	0.066	0.651	递增
八一	0.127	1.000	0.127	递增
立才	0.393	0.800	0.492	递增
山荣	1.000	1.000	1.000	——
红林	0.145	0.760	0.191	递增
白沙	0.197	0.329	0.599	递减

续表

农场	技术效率	纯技术效率	规模效率	规模报酬
龙江	1.000	1.000	1.000	—
邦溪	0.044	0.093	0.470	递增
阳江	0.263	1.000	0.263	递减
平均值	0.303	0.605	0.497	

资料来源：根据模型计算结果得出。

（三）结果分析

由以上测算结果可以看出，自营胶整体上技术效率低下，纯技术效率的贡献大于规模效率，说明技术效率的提高主要归因于技术水平的提高。14家有数据的农场中综合效率完全有效的只有2家，仅占总数的14%，这说明经营自营胶的农场大多数处于无效率或低效率的状态。规模报酬递增的农场有8家，占比为57%，说明效率低下的原因在于生产规模过小，这与实践调研情况是相符的，自营胶园面积小、规模小，仅利用职工房前屋后的一些空间来种植橡胶，而可开发利用进行橡胶种植的土地面积越来越小，造成自营胶的整体效率低下。

四、本章小结

本章应用DEA分析方法对海南农垦天然橡胶生产三种经营模式的技术效率分别进行单独的定量分析和测算，并对影响技术效率的两个因素——规模效率和纯技术效率进行分解。结果表明，对于国有胶和股份胶而言，技术效率的提高主要取决于规模效率，而对于自营胶则相反，技术效率的提高取决于纯技术效率。

这就说明，国有胶和股份胶的规模效益给天然橡胶产业的综合效率做出了重大贡献，效率的提高主要依赖于规模的扩大，而且其效果基本达到饱和，而纯技术效率并没有发挥其应有的作用，因此要进一步提高天然橡胶整体效率，需从科技入手，发挥科技是第一生产力的应有作用，提倡科技创新，实现天然橡胶科技成果的应用与转化。

自营胶的情况则有所不同，其技术效率的提高主要依赖于纯技术效率，即科技水平的提高，说明科学技术在提高自营胶技术效率上发挥了重要作用，其原因在于职工对自营胶园拥有完全的产权，在生产经营管理中更能积极主动地选取优良的种苗和采纳最新的种植管理技术及手段；而规模效率的贡献率远远低于纯技术效率，这恰恰说明了自营胶整体效率低下的原因在于规模过小，规模效益未发挥其应有的作用，这显然与自营胶园的实际情况是完全吻合的，因此要提高其效率，就必须扩大自营胶园的种植规模，在宜胶地应尽量改种橡胶，以替换原来经济效益不高的其他热带作物，只有这样才能提高自营胶园的综合效率，保证全国天然橡胶及其制品的供应，保证天然橡胶产业自身的安全。

第七章　不同经营模式技术效率的比较分析

本章中效率的定量分析主要是通过比较不同经营模式下单位投入的产出收益来进行的，有些用实物量，有些用价值量。由于三种经营模式在成本构成上存在较大的差异，所以只能尽量选择三者的共同成本构成部分进行比较分析，而且各个农场在成本组成部分上也存在差别，因此主要选取各农场的平均数据。职工家庭长期承包的数据主要来源于海南天然橡胶集团公司（总公司），而股份合作制和自营胶园的数据则来源于海南省农垦总局及下属的各个农场。

一、不同经营模式成本收益的比较分析

（一）不同模式下每吨干胶的成本结构比较

成本核算在橡胶生产管理中是极其重要的一环。通过成本核算，可以了解到肥料费、工具费、劳务费和其他费用的支出情况，干胶加工费的高低，劳动生产率的高低，风险性因素的影响程度及劳动组织是否合理，生产技术措施是否符合经济效益等情况，并可针对所存在的问题，科学地确定天然橡胶的生产去向。通过对天然橡胶的生产成本进行核算，还可以为天然橡胶的价格制定提供重要的参考依据，使之既能客观地反映天然橡胶的价值，又有利于促进天然橡胶的生产发展。

从整体上看，橡胶产品综合成本分为两大块，其内容是指橡胶产品生产耗费和非生产性的期间补偿成本。尽管名称形式并不影响对实质内容的理解，但按照

国际、国内成本核算的规范释义，直接成本通常指生产成本中直接材料、直接人工费用等直接计入费用。间接成本主要指生产成本中以间接方式分配计入的制造费用。把这两部分成本分别称为生产成本和期间成本。

在制造成本法下，天然橡胶产品的生产成本包括直接计入成本和间接计入成本两大类。前者主要包括生产工人工资及福利费、林木折旧、农药、化肥、燃料及动力、胶水运输、护林保胶等支出，后者主要指间接分配计入产品成本的制造费用，包括生产管理人员工资、福利费、修理费、水电费、劳动保险费、厂房设备折旧费、办公费等（见表7-1）。

表7-1　2020年不同模式下平均每吨干胶成本结构比较　　　单位：元

主要成本	国有胶	股份胶	自营胶
1. 工资	10530	7814（劳务费）	4666.66（劳务费）
2. 福利费	209	—	—
3. 直接材料	1934	1299	6191
（1）肥料费	1337	966	5359
（2）农药	139	278	659
（3）割胶工具用具	92	55	173
（4）燃料及动力	297	—	—
（5）化工材料	51	—	—
（6）其他材料	18	—	—
4. 折旧费	1121	—	—
其中：林木折旧	855	34	—
5. 胶水运输费	855	87	209
6. 加工设备维修费	12	—	—
7. 其他直接费	2172	—	—
（1）护林保胶费	227	12	—
（2）其他费用	1945	1447	—
8. 制造费用	1989	—	—
直接产品成本合计	18220	10693	11066
加：（1）管理费用	2649	1852	1852（土地费）
其中：劳动保险费	33	868	66.26
（2）财务费用	537	—	—
（3）销售费用	241	—	—

续表

主要成本	国有胶	股份胶	自营胶
（4）税金	5	—	—
（5）工会、职教经费	—	1447.26	61.95
每吨综合完全成本	21652	13515	13046

资料来源：海南橡胶集团有限公司财务部、海南省农垦总局财务处。

通过详细分析三种模式的具体成本构成可以看出，国有胶的综合完全成本最高，股份胶次之，自营胶最低。国有胶的总成本高于股份胶 37.58%，高于自营胶 39.75%。国有胶成本比其他两种模式高的主要原因在于多出了两大部分的成本：

第一，多出了加工费用，包括燃料及动力、化工材料、材料费用及加工设备维修费，还有其他直接费中的其他费用，如接待费、购置办公用品费用及无法计入管理费用的其他费用。由于橡胶产品是集中于 13 家加工厂进行统一加工和销售的，总公司在核算国有胶的成本时必须把加工费用计算在内，而股份胶和自营胶的职工只需向农场缴纳 30%~40% 的管理费用即可，加工费用已经包含在管理费用之内，因此在核算成本时无须将加工费用单列。

第二，期间成本或间接成本过高，占总成本的 15.85%，包括管理费用（管理人员工资、薪酬和福利费）、财务费用（银行利息等费用）、销售费用（运费、加工工人工资及装卸费等）以及税金，国有胶的职工属于国有企业正式职工，福利费、养老医疗保险费用亦是企业的一项重要支出，要分摊至橡胶生产成本中，相比之下，股份胶拥有较强成本优势，股份胶的总成本主要是直接生产成本，间接生产成本即须向总公司缴纳的管理费用，占总成本的 13.7%，股份胶多为家庭经营，规模大的会雇工经营，不存在间接费用，不需要支出福利，由职工自己负担保险费用，而自营胶的成本则更低，除了支出直接生产成本之外，只要向农场缴纳一定的土地费和支付一些用于培训的工会和职教费用，剩下的收入都由职工自己支配，由于主要是家庭个体经营，护林保胶、管理胶园及销售产品均由家庭成员完成，因此这些费用就全部包含在劳务费中，职工并无单独列支。

因此，从提高经营模式效率的角度考虑，国有胶必须降低管理费用等期间成本才能提高其经营绩效和效率，自营胶虽然成本最低，但从本质上看它是一种低效率的模式，不能因低成本而制约效率的提高。股份胶的总成本适中，总体效率也较高，因此它是一种相对效率最高的模式。

（二）不同模式下每吨干胶的利润率比较

通过对三种模式的生产成本构成情况进行对比可知，三种模式中，国有胶每吨综合完全成本最高，股份胶次之，自营胶最低；在同等的每吨综合平均售价下，与之相对应的是，利润总额＝营业收入－营业成本－费用，国有胶的利润总额最低，股份胶次之，自营胶最高。从销售利润率方面看，每吨干胶产品的销售利润率＝利润总额/营业收入×100%，国有胶最低，股份胶次之，自营胶最高；从成本利润率方面看，每吨干胶产品的成本利润率＝利润总额/综合完全成本×100%，国有胶最低，股份胶次之，自营胶最高。

从表7-2中的平均利润、销售利润率和成本利润率来看，虽然自营胶均是最高的，但并不能说明自营胶就是最有效率的模式，还要从产品质量、生产效率、职工收入以及现实条件等方面对其进行全面的衡量。首先从产品质量来看，自营胶是职工一家一户分散经营，虽然有完全的自主产权，但由于缺乏统一的质量和技术管理，干胶质量参差不齐，降低了海南农垦干胶的整体质量；其次从生产效率来看，自营胶管理松散，缺乏统一技术规程，从而造成效率低下；再次从职工收入来看，由于产品质量的低下并不能给职工带来高收入，反而比前两种模式下的收入更低；最后从现实约束条件来看，由于宜胶地的限制，自营胶的规模无法扩大到可发挥规模效应的种植面积，因此这种模式只能是作为一种辅助性质的模式而存在，无法大规模推广。

表7-2　2020年不同模式下平均每吨干胶利润率比较　　　　单位：元

指标	国有胶	股份胶	自营胶
每吨综合完全成本	21652	13515	13046
每吨综合平均售价	25458	25458	25458
每吨综合平均利润	3806	11943	12412
销售利润率（%）	14.95	46.91	48.76
成本利润率（%）	17.58	88.37	95.14

资料来源：平均售价来源于海南橡胶集团有限公司财务部，其余数据则根据表7-1相关数据计算所得。

（三）国有胶园管理费用庞大的主要原因

国有胶在各期间补偿的非生产型耗费主要包括管理费用、财务费用、销售费用、税金等。其中管理费用所占比重最大，占期间成本的61%，过高的比重意味着其本身是成本控制焦点所在。其中既有与企业生产规模相匹配的必要性的行政管理费用开支，但更多的是历史遗留负担和经营管理体制原因所产生的开支。

（1）巨额离退休费支出。管理费用支出中，离退休费对管理费用控制形成了掣肘，海南农垦离退休费占管理费用总额的57.28%，支出的巨大惯性使企业每年都要背负这一沉重的负担。从理论上来说，体制转轨过程中产生的农垦企业离退休费不应由企业负担，而属于国家对职工和企业的历史欠债。因为在传统体制下，为了最大限度地创造积累，宏观经济政策环境是扭曲的，其中一项重要内容就是实行职工低工资、低福利，企业低积累，国家高利润政策。职工工资只包含其就业期间基本生活费用，并没有包括其退休后养老费用。实行低工资期间产生的额外利润，也通过统收统支的财务渠道进入政府财政并转变为积累基金。因此，从理论上来说，在改革以前参加工作的农垦企业职工养老费应由国家负担，由国家统筹解决离退休职工养老费问题是必要的措施。如果由政府转嫁负担，那么企业负担的综合成本平均下降1500元左右，能够极大增强产品竞争能力。反之，如果企业继续背负这一负担，则一方面随着机构改革深入、管理水平和劳动生产率的提高，每年在职工人数递减；另一方面随着时间的推移和医疗水平的提高，每年离退休职工的人数递增，导致离退休职工人数与在职职工人数的比值越来越大。

（2）庞大的管理机构费用开支。农垦的管理机构层次多，海南农垦在实施政企分开经营体制改革之前，实行总局—分局—农场—分场—生产队五级管理体系。机构臃肿、职能重叠、人员众多、人浮于事、效率低下，造成管理费用居高不下，如2000年海南农垦总局管理费用中仅管理人员工资及福利费、办公费、差旅费、业务招待费等主要项目就达88964元，占管理费用的比重为15.78%，1996~2001年平均比重为17.08%。非生产性支出的加大，摊薄了企业利润，占用了大量资金，并且国有企业监督机制不完善和预算软约束，造成过度在职消费和财务失控，道德风险不可避免。

（3）农垦企业的社会性支出负担。这主要是企业代为履行政府应承担的社会职能给企业带来的成本负担，包括学校、卫生、公安政法、交通、通信、移民、扶贫及地方支农支出等，特别是学校与卫生事业。虽然国家对这方面有所补贴，但是对于庞大的社会性支出而言，那只是杯水车薪。2003年，海南农垦社会性支出为15.4亿元，其中财政拨款7.35亿元，占实际支出的47.7%，其余8亿多元的社会性支出费用均由农垦自行筹集。2010年海南农垦的社会性支出达到 11.22 亿元，占到当年橡胶产值的 1/3。

二、不同经营模式下技术效率的比较

（一）各个模式技术效率的分布情况

本书将每种经营模式的每个天然橡胶种植农场作为效率评价的决策单元，选用 DEA 的基于投入导向的 CRS 和 VRS 方法，应用 Coelli 小组开发的专用软件 DEAP 2.1 来对每个天然橡胶种植农场进行效率测算和分析，可以得到每种模式的综合效率、纯技术效率和规模效率，各种模式的测算结果如表 7-3、表 7-4、表 7-5 所示。

表 7-3　国有胶技术效率、纯技术效率及规模效率

效率值	技术效率	纯技术效率	规模效率		
1.0	6	10	6	综合效率平均值	0.671
0.9~1.0	3	3	28	纯技术效率平均值	0.733
0.8~0.9	5	5	9	规模效率平均值	0.919
0.7~0.8	4	5	1	规模收益递增	18 个
0.6~0.7	12	12	1	规模收益不变	6 个
0.5~0.6	8	7	0	规模收益递减	22 个
0.5 以下	8	4	1		

资料来源：由模型结果归纳得到。

表 7-4　股份胶技术效率、纯技术效率及规模效率

效率值	技术效率	纯技术效率	规模效率		
1.0	3	5	5	综合效率平均值	0.685
0.9~1.0	0	0	3	纯技术效率平均值	0.798
0.8~0.9	1	0	1	规模效率平均值	0.868
0.7~0.8	1	2	0	规模收益递增	5 个
0.6~0.7	1	1	0	规模收益不变	6 个

效率值	技术效率	纯技术效率	规模效率		
0.5~0.6	1	2	0	规模收益递减	0 个
0.5 以下	4	1	2		

资料来源：由模型结果归纳得到。

表 7-5　自营胶技术效率、纯技术效率及规模效率

效率值	技术效率	纯技术效率	规模效率		
1.0	2	5	2	综合效率平均值	0.303
0.9~1.0	0	0	0	纯技术效率平均值	0.605
0.8~0.9	0	1	0	规模效率平均值	0.497
0.7~0.8	0	1	1	规模收益递增	8 个
0.6~0.7	0	0	1	规模收益不变	2 个
0.5~0.6	0	1	1	规模收益递减	4 个
0.5 以下	12	6	9		

资料来源：由模型结果归纳得到。

表 7-3 显示的是国有胶样本橡胶种植农场技术效率的分布，从整体来看，技术效率最低，平均值为 0.671，纯技术效率平均值为 0.733，规模效率最高，平均值为 0.919，表明橡胶种植农场虽然在很大程度上获得了规模收益，但利用现有的技术条件进行资源配置的平均效率较低，如果能够消除效率损失，在外界环境因素、技术水平和现有的投入保持不变的条件下，技术效率仍有 32% 的提高空间，因此，在生产要素市场价格不变的条件下，提高技术效率将可能显著地增加种植农场的收入和利润。从个体来看，每个橡胶种植农场之间的效率差异较大，效率值由 0.276 到 1.000 不等，其中技术效率完全有效的仅有 13%，效率值分布在 0.80 和 1.000 之间的有 17%，效率值分布在 0.50 和 0.80 之间的有 52%，效率值分布在 0.5 以下的占 17%，综合效率值大多处于中等水平，与效率最优的差距较大，表明橡胶种植农场的经营水平参差不齐，利用现有的技术和生产资源实现最大产出的能力一般，技术效率仍存在提升空间；纯技术效率完全有效的仅有 22%，效率值分布在 0.80 和 1.000 之间的有 17%，效率值分布在 0.50 和 0.80 之间的有 52%，效率值分布在 0.5 以下的占 9%，究其原因是采用新的技术存在风险，橡胶种植农场由于认知水平的不同，对技术利用的积极性也存在差异，因而技术的利用对技术效率的贡献也不同。此外，规模效率完全有效的仅有 13%，效

率值分布在0.80和1.000之间的有80%，效率值分布在0.50和0.80之间的有4%，效率值分布在0.5以下的占2%，规模收益处于递减阶段的占50%，说明大多数种植农场的经营规模已经达到最优，有一半的农场处于规模收益递减的阶段，表明大多数橡胶农场已经超过了橡胶农场规模与产出效率的边界点，随着生产规模的扩大，劳动产出效率下降①。因此，提高国有胶技术效率的关键不在于扩大生产规模，而在于科技创新和制度创新，只有如此才能提高橡胶的单位面积产量，从而提高技术效率。

表7-4显示的是股份胶橡胶农场技术效率的分布情况，从整体上看，技术效率最低，平均值为0.685，纯技术效率居中，平均值为0.798，规模效率最高，平均值为0.868，这表明股份合作制在一定程度上提高了综合生产效率，但提高的幅度有限，仍有31.5%的提升空间。从个体来看，技术效率完全有效的橡胶种植户占27%，0.5以下的占36%，处于0.5~0.9的占36%，这表明大多数股份胶的种植户生产效率仍然不高，仍有较大的提升空间；纯技术效率完全有效的占45%，0.5以下的仅占10%，处于0.5~0.9的占45%，这表明在股份合作制下，大多数种植户能更积极有效地采纳新技术，只有少数规模小的种植户对新技术的采纳持观望态度或者存在滞后性；规模效率完全有效的占总数的45%，处于0.8~0.9的占36%，0.5以下的仅占18%，这表明大多数股份胶种植户达到了经营规模，也说明承包股份合作胶的都是橡胶经营大户，具有较强的经济基础，但经营规模仍未达到边界点，因此，要增加种植户的收入和利润，可以通过扩大经营规模和提高科技利用率来实现。

表7-5显示的是自营胶技术效率的分布情况，从整体上看，自营胶的技术效率最低，仅为0.303，规模效率居中，为0.497，纯技术效率最高，但也只有0.605，这表明职工自营橡胶是低效率的，仍有将近70%的提升空间。从个体上看，技术效率完全有效的仅有14%，而0.5以下的达86%，这表明大多数自营胶种植户的生产效率低下，为了不让其拉低橡胶产业的整体生产效率、不降低整体橡胶产品质量，同时为了增加种植户的自营经济收入，公司或农场必须帮助并促使其提高投入—产出效率；纯技术效率完全有效的占36%，0.5以下的占43%，处于0.5~0.9的占21%，这表明自营胶种植户对于新技术的采纳积极性不高，仍然习惯于采用原有的旧技术，接受新技术需要一个比较长的时间；规模效率完全有效的仅为14%，0.5以下的占到64%，位于0.5~0.9的占22%，这表明造成自营胶技术效率低下的原因在于规模过小，这符合实际调研情况，由于适宜种植

---

① 许能锐．橡胶生产规模效益实证分析［J］．热带农业工程，2010，34（4）：84-89.

橡胶的土地已全部开荒，职工可用于种自营胶的土地面积十分有限，因此提高自营胶技术效率的有效途径只能是提高生产技术的利用率和提高其生产经营管理水平。

（二）不同模式技术效率测算

不同模式下技术效率测算结果如表7-6所示。

表7-6　不同模式下技术效率测算结果

	国有胶	股份胶	自营胶
农场个数	44	11	14
规模报酬递增	18	5	8
规模报酬不变	4	6	2
规模报酬递减	22	0	4
技术效率			
平均值	0.671	0.685	0.303
最大值	1	1	1
最小值	0.276	0.289	0.043
纯技术效率			
平均值	0.733	0.798	0.605
最大值	1	1	1
最小值	0.451	0.498	0.066
规模效率			
平均值	0.919	0.868	0.497
最大值	1	1	1
最小值	0.276	0.385	0.127

资料来源：由模型结果归纳得到。

由表7-6可以得知，不同模式的橡胶种植农场的技术效率差异较大，2010年的平均技术效率由大到小依次为股份胶>国有胶>自营胶，究其原因是股份胶产权清晰，股份胶的承包种植户拥有60%~70%的产权，从橡胶树定植到更新，从承包之日起到橡胶开始投产直至更新，扣除向农场预借的抚管期的费用之外，橡胶产品的所有收益均以农场三职工七或农场四职工六的比例进行分成，因此种植户把橡胶园当作自家胶园看待，抚管、施肥、灌溉、割胶管理、护林保胶等的积极性得到了极大的提高，从而投入-产出效率较高；自营胶的平均技术效率最低，一方面是因为经营橡胶的种植户的效率差异较大，86%的种植户的效率都低于0.5；另一方面是由于自营经济属于职工的自有产权，自营胶主要是利用自家房前屋后或者国有橡胶园周围的空地开荒种植而成的，处于国有胶和股份胶的边缘地带，是职工的私有财产，不接受农场的统一规划和管理，技术水平和管理水平相对低下，造成橡胶产品质量的下降，技术效率相对较低；国有胶的技术水平和管理水平相对较高，但由于采取的是家庭长期承包经营机制，产权完全国有，在这种情况下，职工仍然没有改变观念，只是把自己当成领工资的职工，对胶园的管理和护林保胶采取漠不关心的态度，最终导致生产效率低于股份胶或分成胶。

不同模式的平均纯技术效率为股份胶>国有胶>自营胶，规模效率为国有胶>股份胶>自营胶，说明股份胶的种植户更愿意尝试和更积极地利用新技术新割制，国有胶的技术利用效率由于产权不清而低于股份胶，自营胶的技术利用效率则最低；从规模效益上看，国有胶和股份胶基本上已经达到了最优规模，规模效应所能带来的作用比较有限，而自营胶的规模效率最为低下，说明自营胶的种植规模还有待进一步扩大，同时提高橡胶管理的科学化程度，才能最终提高生产效率。综合以上的分析，不同模式由于产权的归属不同和种植户的经营管理水平的不同，技术效率存在较大的差异。综合不同模式的各种因素，结合实际调研访谈过程中大多数种植户的意见，可以得出以下结论：股份合作制是生产效率最高的模式，无论从公司（农场）还是从职工的角度，股份合作制都是最佳的模式。

（三）不同模式的效率优化方案

提高橡胶种植户的技术效率可以通过提高纯技术效率和规模效率来实现，具体要考虑两个方面：一是冗余量调整，即将该决策单元移至其在生产前沿面上的投影点，若某投入要素存在冗余，则说明该要素投入过剩，可以在原始值的基础上减去相应的松弛量得到最佳的投入量；若产出存在冗余，则说明产出还存在提升的空间，可以将产出加上冗余量得到最佳产出的目标值。二是松弛量的调整，在应用DEA测算技术效率时可以计算出投入和产出的松弛量，若某投入要素存在松弛，则说明该要素投入过剩，可以在原始值的基础上减去相应的松弛量得到最佳的投入量；若产出存在松弛，则说明产出还存在提升的空间，可以将产出加上松弛量得到最佳产出的目标值。根据DEA对不同模式技术效率测算的结果，采用基于产出主导型的DEA模型，即不改变投入数量的情况下，产出数量可以按比例增加多少，在2020年的基础上分别对三种模式的产出进行调整，不管是原值、调整值还是目标值均采取样本农场的平均值，调整结果如表 7-7 所示。

表 7-7 基于产出主导型的不同模式下技术效率的投影分析

经营模式		原值	冗余调整	松弛调整	目标值	改进比例
国有胶	产量	3672.591	988.118	30.582	4691.291	27.74%
	产值	6509.159	1738.917	134.057	8382.133	28.77%
股份胶	产量	774.799	181.498	0.124	956.421	23.44%
	产值	1972.483	459.263	0.315	2432.061	23.30%
自营胶	产量	262.090	161.277	35.619	423.367	61.53%
	产值	667.230	401.151	90.680	1159.061	73.71%

资料来源：由模型测算结果归纳得到。

经过调整，国有胶的产量目标可提高到 4691.291，改进比例为 27.74%，产值目标可提高到 8382.133，改进比例为 28.77%；股份胶的产量目标可提高到 956.421，改进比例为 23.44%，产值目标可提高到 2432.061，改进比例为 23.30%；自营胶的产量目标提高到 423.367，改进比例为 61.53%，产值目标可提高到 1159.061，改进比例为 73.71%，说明三种经营模式的产出都存在较大的提升空间，其中国有胶的目标值最高，说明如果能够充分利用现有的技术来是实现生产要素的最优配置，达到技术和规模同时有效，那么国有胶的经济效益最高，因此应该通过扩大国有胶的种植面积、提高经营管理水平来实现产出最优的目标。自营胶的目标值虽然是三种模式中最低的，但其改进比例在三种模式中是最大的，说明自营胶的产出可提升空间最大，因此应该在已有的投入条件下，加强自营胶胶园的精细化管理，提高橡胶产品的产量和质量，实现效益的最大化；股份胶的产出改进比例为 23%，但是目标值在三种模式中居中，说明股份胶在充分利用现有的技术和生产资源后所能达到的目标值仍有可提升空间，但是空间不大。综合以上的分析，三种模式在既定投入条件下，都要提高胶园的经营管理水平，加强对技术的利用程度，以实现产出最大化。

基于投入主导型的 DEA 模型，即在不减少产出数量的条件下，能按比例减少多少投入，根据 DEA 对不同模式技术效率的测算结果，在 2020 年的基础上对三种模式的投入情况进行调整，同理，原值、调整值和目标值均采用样本农场的平均值，调整结果如表 7-8 所示。

表 7-8　基于投入主导型的不同模式下技术效率的投影分析

经营模式		原值	冗余	松弛	目标值	改进比例（%）
国有胶	开割面积	68400.432	-15559.455	-1937.730	50903.247	25.58
	橡胶工人	1537	-338	-9	1190	22.58
股份胶	开割面积	9349.091	-1825.156	0	7523.935	19.52
	橡胶工人	230	-45	-9	176	23.48
自营胶	开割面积	3215.138	-1397.424	-200.285	1617.429	49.69
	橡胶工人	258	-86	0	172	33.33

资料来源：由模型测算结果归纳得到。

　　经过调整，国有胶的开割面积目标值可减少到 50903.247，改进比例 25.58%，橡胶工人目标值可减少到 1190，改进比例为 22.58%；股份胶的开割面积目标值可减少到 7523.935，改进比例为 19.52%，橡胶工人目标值可减少 176，改进比例为 23.48%；自营胶的开割面积可减少到 1617.429，改进比例为 49.69%，橡胶工人目标值可减少到 172，改进比例为 33.33%。以上数据表明，这三种模式的开割面积和橡胶工人数都存在一定程度的冗余，开割面积上，国有胶存在的冗余最多，股份胶次之，自营胶最少，这说明橡胶开割面积不是越大越好，只有保持在适度规模水平上才能达到效率最高；橡胶工人数亦然，国有胶存在的冗余最多，股份胶次之，自营胶最少，这说明这三种模式在劳动力投入方面都存在一定程度的冗余，国有胶要尽量减少橡胶工人的人数。改善空间上，开割面积方面自营胶最大，国有胶次之，股份胶最小，从这一点上可以看出股份胶是相对效率最好的模式；橡胶工人方面自营胶改善空间最大，股份胶次之，国有胶最小，这在一定程度上反映了国有胶的工人数基本达到饱和，应当适当增加股份胶的人数比例。

三、对不同经营模式适用条件与效率的综合评价

　　根据第六章、第七章对不同经营模式的定性、定量分析，可以发现各种模式均具有其优缺点和优劣势，即各种模式具有其适用条件，不同经营模式需要其适用的内、外部组合条件和政策环境。当条件发生变化时，原有的模式就不再适应新的条件，因而必须改变模式以适应新条件。各种模式的适用条件和综合评价如

表 7-9 所示。

表 7-9　不同经营模式及效率的综合评价

经营模式	适用条件	综合评价
职工家庭长期承包	1. 适用于家庭分散经营	实现所有权和经营权分离，一定程度上调动了职工生产积极性并赋予了其部分经营自主权
	2. 不适用于规模化、集约化经营	经营规模限制了经济效益，职工对国有胶园关切度不够
股份合作制	1. 适用于产业化、集约化的规模经营	发挥了规模效益，职工参股，产权清晰，职工参与经营，极大地调动了积极性
	2. 不适用于分散经营	职工个人资金受限，影响了长期承包的稳定性
职工自营胶园	1. 适用于家庭分散经营	完全产权、灵活、成本低、利润高
	2. 不适用于规模化经营	土地面积受限，个人资金难成规模，个人技术水平和管理水平较低造成效率低下

　　职工家庭长期承包与以往的多种经营模式相比，最大的优点在于赋予职工家庭长期承包经营权，实现国有橡胶资产"所有权和经营权"分离，明确职工家庭是天然橡胶园的经营主体，逐步将职工家庭培育成自主经营、自负盈亏、自我发展、自我约束的胶园经营实体，最终实现橡胶产业持续发展，胶工收入不断增加的改革目标。但在具体实施过程中受种种因素影响也有走样的情况，例如，职工家庭农场投入的钱基本上是向农场挂账借贷的，不是自我投入，削弱了职工家庭农场对产业的关切度。这种模式只适合家庭分散经营，不利于规模化、集约化经营，而目前天然橡胶生产需要的正是产业化、规模化和集约化，以最大限度地发挥产能，因此目前条件下这种模式不适合天然橡胶生产。

　　职工自营胶园这种模式只适合家庭分散经营，虽然职工具有完全的产权，使得其在所有模式中综合成本最低、利润最高，但是其经济效率最低，原因就在于自营胶园缺乏统一的协调管理和技术培训，在技术水平和管理能力上远远低于其他模式，因此虽然其成本利润率和销售利润率均是最高的，但也不是一种最适合天然橡胶生产的模式。

　　股份合作制的模式与相对分散的职工家庭承包相比，最大的特点就是适度规模经营。这种经营模式符合农业生产由分散经营向规模经济发展的方向，也符合农场胶工需要由能人领头结成生产经营利益共同体的要求。

实行职工参股的国有橡胶的股份制改革，按现代企业制度加强企业管理，是海南农垦改革的应有选择。从人的劳动所得、物质需求或是从市场经济来看，人的劳动目的大多都是追求物质所得从而提高生活质量。而职工参股的股份制这种体制，是企业与职工利益结合最实际、最直接的。这种股份制使企业职工要通过自身的劳动来获得物质报酬，同时企业所得利益也有职工的一部分，职工具备既是劳动者也是企业主人的双重身份。这一制度的实施，使职工在自觉为企业"打工"的同时也会意识到是在为自己"打工"，并将成为调动职工积极性的源泉。实行职工参股的橡胶股份制经营是实现企业与职工双赢的体制。

总之，橡胶生产股份合作经营模式，是通过对历史的和现行的多种经营模式的比较得出的符合目前天然橡胶生产力发展水平的经营模式，是海南农垦改革橡胶经营体制的必然选择，也可能是最佳选择。

四、对前提假设的验证

本书在第二章提出了两个前提假设：第一个假设是理性的经济人。从本书的分析和研究的结果来看，这个假设是成立的。不管是职工家庭长期承包、股份合作制还是职工自营胶园，天然橡胶的产权所有者（国家和政府）、经营管理者（高层及中层领导者）、种植者（职工）无一不是理性的经济人，不管从国家还是个人角度，参与天然橡胶产业建设的主体都以实现利润最大化为自己的行为目标。领导者在制定相关产业政策时是从保障国家经济安全的角度出发的，落实到微观经济范畴上就体现为对于天然橡胶产业的扶持和支持态度。近几年随着国际经济形势的巨变，天然橡胶产业的地位和作用并没有削弱，反而得到加强，成为中国进行工业化和现代化建设必不可少的重要战略物资。而作为政策的实施者和执行者，各级政府和各层管理者亦均以干胶产量最大化、利润最大化、效率最大化以及成本最小化、职工利益最大化为管理目标，提高天然橡胶产业在整个国家乃至国际上的地位和竞争力。作为种植者的广大职工在选择经营模式时也是以自身利益最大化和收入最大化为目的和目标，这些都充分体现了理性经济人这一经济学的基本前提假设。

第二个假设是生产要素的配置不存在路径和政策障碍。通过本书的分析与研究可知，这个假设是不成立的。从天然橡胶生产经营模式的历史变迁轨迹可以看出，每次经营模式的彻底转变都是以国家行政命令的形式强制实施的，政策导向决定了生产要素的配置和流动方向，绝大多数时期政策导向和资源配置方式是符合生产力要求和适应产业发展需要的，但也出现过政策导向错误、违反生产力发展规律的情况，资源配置极其不合理，严重破坏了原有的生产力，甚至出现了倒退现象。从现存的三种经营模式来看，国有开割胶园职工家庭长期承包制度也是从2008年才开始正式以海南农垦总局文件的形式下发并要求各农场全面实施的，因此大多数农场目前都实行了这一制度；而股份合作制和自营胶园都是特定历史时期下的产物，也是广大职工群众的一种创造，尽管从以上对技术效率的测算和比较来看，股份合作制是最有效率的，如果从这一前提出发的话应该全部实行这一模式，但由于受到现实条件的种种限制，这种资源配置相对最有效的方式只能在少数农场幸存下来，因为全面实施职工家庭长期承包后，海胶集团不允许各农场继续采用这种模式。这就说明生产要素并不能在各部门、各领域、各层次之间自由流动，而是要受到制度、政策和现实条件的种种制约，最终只能在有限的时间和空间中自由流动，这势必对天然橡胶产业的发展和壮大造成不利和阻碍。

五、本章小结

天然橡胶生产的不同经营模式及其生产效率差异较大，本章应用DEA方法对2010年的三种不同经营模式的综合效率、纯技术效率和规模效率进行测算和比较，得到结论如下：

（1）从总体上看，2020年股份胶合作制下的天然橡胶生产效率最高，国有胶次之，自营胶最低。这与往常的判断有一定的出入，通常人们都认为国有胶的规模最大、胶园管理也最好，因此效率也应该最高。股份胶生产效率最高的主要原因在于股份合作制职工具有完全的产权，分成明确，极大地调动了职工的积极性，促使职工采用新技术、提高胶园管理水平和采取更有效的措施来促进天然橡胶的可持续发展。国有胶在生产效率上略低于股份胶，根本原因在于产权不清晰和政策的不持续性，这使职工对于家庭长期承包的信心不足而采取强割和偷割的短期行为，严重影响了橡胶的生产效率。

（2）不同经营模式的技术效率存在较大的差异，不同经营模式下各个种植农场的技术效率也存在差异，国有胶的技术效率和规模效率都达到了比较高的水平，产出改善空间有限，投入要素方面存的冗余幅度较小；而股份胶和自营胶的规模收益都处于递增阶段，增长空间较大，产出方面还有较大的改善空间，投入要素方面则普遍存在过剩的现象，仍有一定程度的改善空间，因此应该在已有的要素组合上进行优化和调整，充分利用先进的技术进行资源的优化配置，提高技术效率。

（3）通过对三种经营模式的成本收益进行比较可以发现，国有胶的成本都高于股份胶和自营胶，原因在于国有胶的间接费用远远高于其他两种模式，包括管理费用、财务费用和销售费用等，由于天然橡胶产品是由海南天然橡胶集团公司统一收购、统一销售的，股份胶和自营胶就没有由销售所产生的费用。从一定程度上看，这些成本的发生是不可避免的，但是可以通过精简机构等手段来有效地降低这些成本及费用。

第八章　提高海南农垦天然橡胶生产效率的政策建议

针对以上天然橡胶生产各种经营模式各自存在的问题，结合橡胶产业发展的实际，本书提出了以下提高海南农垦天然橡胶生产效率的对策与建议：

一、经营模式选择

（1）股份合作制是海南农垦现有生产力发展条件下和目前发展阶段中最适合天然橡胶生产的经营模式。因此，海南农垦总局（总公司）目前应尽量选择股份合作制，才能实现生产要素的优化组合和资源的优化配置，才能提高投入-产出效率，从而保证天然橡胶的供给量。海南农垦总局及各级地方政府应该为股份合作制创造良好的政策环境，从政策上保证股份合作制的顺利实施，防止国有资产流失和职工利益遭受损害。

（2）要积极探索多种形式的经营机制，充分调动海南农垦职工的积极性和主动性。垦区各农场要因地制宜，采取多种灵活的统分结合的经营模式。特别是开割胶园职工长期承包以后，要按照"抓平衡、抓调整、抓巩固、抓提高"的要求，对承包户之间收入不平衡的程度、原因进行跟踪调查，适当调整，搞好收入平衡工作，避免两极分化。要防止承包人的短期逐利行为，加强对割胶生产全过程的跟踪服务指导，特别是监督好割胶的耗皮、涂药浓度、割制天数、刀数等指标，防止掠夺性生产现象出现。

（3）要积极探索"公司+基地+农户"或其他经济联合体的经营模式，以资本和技术为纽带，连接千家万户，把农垦的各种要素充分调动起来，大力发展效益增长型的产业，实现双赢效果。特别是东南部未进入橡胶板块的农场，要针对常年受台风影响、不适宜种植橡胶的特点，使橡胶业从农场中淡出，大力调整产业结构，加快种植业向下游产业延伸，实现由种植业向种植、加工、物流、营销综合经营的转变。同时，加强农产品标准化基地建设，尽快改变农产品销售品牌不响、标准不高、质量不佳、价格不好的状况，逐步向规模化、产业化、标准化方向发展。

（4）要处理好在实行家庭自营经济时出现的占地不均的问题。由于农场干部职工对实行家庭自营经济的认识不同和政策的原因，农场干部职工在实行家庭自营经济时出现的占地不均问题是突出的，少的只有几公顷，多的有几百公顷。干部占地也不均，有些在百公顷以上，有些在30公顷以下，有些则没有。而且这些家庭占有的土地都同农场签订了合同，种植的又是长期作物，难以重新分配。有些农场的领导主张实行级差地租，分若干个等级分别确定租金。本书认为，实行级差地租的主张比较切实可行，值得考虑。

二、国家政策支持股份合作制

国际经验表明，各主要产胶国对天然橡胶的生产和产品的销售都采取了一系列保护和扶持政策，如泰国政府大量投资于胶园更新；马来西亚政府在胶农出售橡胶时给予差价补贴；巴西政府为国产天然橡胶制定最低保护价格；科迪特瓦政府对农民的种植业一律免征农业税等。中国也要制定和实施一系列支持与保护政策，刺激和鼓励国产橡胶业的持续、健康、稳定发展。

（1）科技投入。20世纪80年代以后，国家对橡胶基地的投资大幅减少，使橡胶基地的生产潜力未能得到正常发挥，规模效益未能得到充分体现，直接影响了橡胶产品的市场竞争力和垦区的经济实力以及职工的收入水平。目前，垦区有近5.33万公顷、2400多万株未投产幼树因投入不足，不能高标准管理，经测算，每推迟一年投产，需增加抚管投资1.5亿元，同时少产干胶4万吨。而且，老龄橡胶园不能及时更新，树龄结构不合理的状况不仅不能得到改变，而且还有进一步加剧的危险。

为此，建议国家加大橡胶产业的科技投入，支持建立健全海南橡胶产业的科技创新体系，同时支持在海南建立橡胶的引种、育种和推广示范基地，提高橡胶产业发展的科技支撑和科技含量。

（2）加大对生态和基础设施建设的投入。鉴于橡胶林是世界上热带地区开发最成功的人工生态系统，建议国家从水土保持、环境保护的角度给予支持，加大对橡胶基地基础设施及社会化服务设施的投入，改善橡胶生产基地的基础设施及社会环境，充分发挥基地的生产潜力。同时，海南属热带台风、风暴的频发区，建议国家增设天然橡胶自然灾害风险专项资金或出资资助建立政策性保险。

（3）加大对初加工业的投入。橡胶业的发展需要以市场为导向，生产适销对路、市场急需的各种专用天然橡胶产品，如扩大浓缩胶乳、子午胎胶的生产，开发生产浅色标准胶、白给片、恒粘胶、低粘胶、耐油橡胶等。目前，海南垦区的橡胶加工厂普遍存在加工规模小、设备陈旧、产品质量一致性差、产品结构不合理等问题。建议加大对初加工业的投入力度，以支持加工业的快速发展。

（4）尽快解决有关天然橡胶的各种税费问题。天然橡胶产品农林特产税，1988年以前是3.5%，1989年提高到5.5%（含地方附加0.5%），1994年开始提高到8%加上10%的地方附加，提高幅度达60%，是税制改革中增幅最大的税种税目。2004年国家取消国内主产区海南、云南两大垦区天然橡胶生产的农林特产税，改为执行5%的农业税。为了减轻橡胶产业过多的负担，可以借鉴泰国、马来西亚等主要生产国对橡胶种植业实行免税政策的做法，降低直至取消天然橡胶农业税，以促进橡胶产业的发展。

（5）帮助解决社会保障问题。预计2020~2024年垦区养老资金缺口达到19.5亿元。建议国家按照属地管理的原则，从2012年起，将橡胶企业的养老、医疗、失业保险和最低社会保障等方面全面纳入社会统筹。在纳入地方养老保险统筹后一定年限内收支资金缺口，由中央、地方财政列入社会保障专项补助资金预算，逐步过渡到由社会保险机构负担。将橡胶农场人口列入当地城市居民最低生活保障范围；尽快在橡胶垦区开展大病医疗费用和离退休人员医疗费用的社会统筹。

（6）建立天然橡胶国家储备调节机制。除正常储备外，要借鉴国际橡胶组织建立缓冲库存的模式和泰国、印度尼西亚、马来西亚的做法，建立天然橡胶市场调节机制。在价格过低时收购，以稳定价格、稳定市场，保证胶工利益，巩固生产基地；在价格过高时抛售，以平抑价格，降低用胶企业的原料成本，保证橡胶制品企业正常生产。

三、地方政府积极配合国家政策的实施

近十年来，垦区职工自营种植的"三胶"（指股份胶、合作胶、联营胶）发展迅速，扩大了垦区橡胶的植胶面积，促进了垦区橡胶生产快速发展。但由于一些历史遗留问题尚未得到解决，加上近几年干胶价格持续上涨，"三胶"矛盾日渐显现、日趋复杂，从而引发了一系列新问题，自营胶业主与农场矛盾日益明显，职工自营胶合同纠纷案和集体上访事件时有发生，在垦区内部造成了一些消极影响，也影响了垦区的稳定和橡胶产业的健康发展。

针对以上问题，海南农垦总局应加强与地方政府协调沟通，不断完善"三胶"管理，努力构建和谐环境。积极做好与地方政府和垦区"三胶"种植户的协调和沟通，通过多种途径凝聚各方面人心，集中民智，形成化解矛盾的强大合力，实现垦区社会的和谐稳定。

（1）积极做好与地方政府的协调和沟通，争取地方政府的支持，努力营造和谐的外部环境。

（2）积极扶持地方发展民营橡胶产业，改变传统经营观念和模式，带动民营橡胶走品种优良化、种植规范化、抚管和采胶科学化之路，促进区域橡胶产业形成规模，以农垦带动民营橡胶生产管理水平的提升，形成优势互补，达到场乡团结、民族团结、社会和谐，实现共同富裕和农垦示范作用增强的目的。

（3）加强"三胶"管理，不断完善内部管理制度，维护内部的稳定，保证"三胶"种植户的利益，明确各方的责、权、利，实现海南垦区国有橡胶与"三胶"种植户的双赢，保证天然橡胶产业健康有序的发展。

四、农垦总局政企分开为股份合作制创造良好环境

海南农垦交由海南省全面管理后，海南农垦总局作为党政机关，主要从事社会公共事务管理，负责垦区的社会和民生事业。农垦国营农场作为省农垦总公司的出资企业，依法对本国营农场经营性资产享有管理、使用和收益的权利，承担

企业国有资产的保值增值责任，其合法权益受法律保护。农垦非橡胶产业的国营农场，可以改造为有限责任公司或者股份有限公司，对不具备组建企业或者企业集团条件的农垦国营农场，可以根据实际情况，在条件成熟时并入周边乡镇或者单设乡镇和管理区。农场的管理职能也应随之改变，实行分户经营的农场的主要职能包括：一是作为国有土地的管理者；二是作为产前、产中、产后服务的提供者。

海南农垦总局实现与海胶集团职能分离的同时，应加强对职工的技术培训，提高职工技术水平和管理水平。割胶实际上是通过人们有目的的劳动而获取产量的过程，其技术性要求比较高，技术的好坏与产量高低具有直接的必然联系。同时，割胶生产又是野外作业项目，其生产现场分散，并且不便于管理和监控，存在胶乳客观流失和主观流失的可能。因此，必须打造一支技术精湛、素质优良、道德水准高的胶工队伍，才能使胶树获得高产、稳产。

（1）加强上岗前胶工技术培训，严格上岗制度，培养良好的职业道德素质。

（2）深入开展形式多样的割胶技术岗位练兵活动，使胶工树立起"科学割胶、精心养树、向技术要产量、向管理要效益"的理念，从而营造"重科学、勤练兵、比技术、用技术"的氛围，促进企业增效、职工增收。

（3）突出以人为本的理念，塑造胶工形象，同时，开展以爱岗敬业、技术精湛、割管一流、道德高尚为标准的"优秀胶工""劳动模范""割胶神刀手""十佳胶工"评选活动，促进技术升级、产量攀高。

五、海胶集团鼓励和支持股份合作制

海胶集团总公司应在公司的制度层面允许、鼓励和扶持股份合作制的发展，针对股份合作制中存在的问题分别采取进一步完善的对策。属于承包方的问题，需要调整规范承包对象，加强教育、提高素质。属于基层管理者的问题，则应加强督查以促进落实责任，加强培训以转变职能、提高管理水平。属于经管制度的问题，应该查缺补漏，调整完善，狠抓落实。属于其他相关因素的问题，只能因势利导、扬长避短、多方呼吁，争取有所改善。

（一）调整规范承包对象，提高承包者素质

（1）进一步规范承包对象。分公司要认真清理劳动关系，对由于历史等特

殊原因，已在农场落户安家并从事割胶生产多年，但一直未办理劳动合同关系的割胶工，要本着尊重历史、依法办事的原则，与他们签订劳动合同，并将这部分割胶工列入承包对象。对一些在边远地区或已列入强割规划而无法推行长期承包的岗位，分公司可根据实际情况，与这些岗位的割胶工签订短期劳动合同，并采取符合实际的经营管理模式。

（2）允许承包人雇佣他人割胶。不在割胶岗位上的承包户可雇佣他人割胶，但必须事先将雇工个人基本情况书面报告分公司。分公司对该雇工进行审核后，符合割胶工条件的，分公司指导并监督承包户依法和雇工签订劳动合同，双方建立劳动合同关系。此时，雇主即承包人就是用人单位，就是"小老板"。雇工并非分公司雇员，谁雇佣，谁负责，与分公司无任何直接关系，但雇佣的割胶工必须接受分公司统一技术培训和指导。雇工在工作中给分公司造成的损失由承包户和该雇工承担连带赔偿责任。

（3）允许承包岗位的合理流转。鼓励有条件有经营能力者多包岗位，逐步实现规模经营。分公司若有多余岗位无人承包，或者承包人退休后其子女不愿继承承包权而放弃承包的，以及承包人严重违反橡胶生产技术规程，分公司按责任书的约定收回的承包岗位，分公司可优先把承包规模较小的岗位进行调整，尽可能使其满岗后，将剩余岗位向产胶能手倾斜，鼓励他们承包多个岗位。

（二）加强督察及培训，提高基层管理者的责任心及管理水平

（1）加强督察，层层落实责任。督察工作应该统一部署，有明确程序、内容和纪律。既要有由上自下的督察，也要有暗访式的督察。除了召开各种座谈会，走访一定比例的承包户以外，重要的是直接查看承包树位、承包方案和承包合同，查看生产台账和结算资金发放表，真正掌握最原始的第一手资料。督察工作还要做到反复进行，对重点单位、重点内容、重点问题要重点跟踪。对背离长期承包的基本原则和基本做法另搞一套，实际上仍然搞实产计酬又屡教不改的单位，督察组和有关部门应及时将督察结果进行公开通报，对问题严重的单位提出调整该单位主要领导人的意见，果断采取必要的组织措施。要让长期承包作为检验基层管理人员是否赞成改革、支持改革、勇于改革、善于改革的试金石。

（2）加强培训，提高管理水平。培训内容不仅要使承包者熟悉掌握有关长期承包的方案、经营管理制度、承包合同及其相适应的生产作业规程，特别要掌握根据树龄树势、品系品性、土壤土质、林段环境以及历年产量控制等情况准确测定产量的基本要领，切实提高管理业务水平。而且，还要使承包者学习与长期

承包有关的法律法规如《劳动法》《合同法》《社会保障法》《计量法》等，提高其法律水平。结合开展学习实践科学发展观活动，相应提高科学发展、可持续发展、为职工群众服务的觉悟。培训的形式可灵活多样，除了上课辅导，还可现场观摩，分析剖析正反两方面典型，与基层职工对话交流等。培训要与考试考核结合起来，通过培训切实提高水平和素质。

（3）完善激励机制，调动基层管理人员的积极性和主动性。在长期承包开始实行的一段时期各承包人还未能真正正确行使自主经营权时，基层管理人员必须切实加强管理。要把基层管理人员的报酬特别是效益工资或奖金与其所在单位效益和职工收入联系起来，从收入分配上奖励基层管理人员抓干胶增产、加强经营管理的积极性。要适当赋予基层管理人员一定的现场组织指挥管理生产的权力。因为橡胶生产是野外作业，分布面积广，情况多变，诸如岗位作业人员的协调协同、辅助生产设施的管理维修维护、生产技术规程的监督执行、生产秩序的掌控及维护等，现阶段都需要必要的组织管理和协调。赋予基层管理人员一定的权力既是橡胶生产活动的需要，也是调动其积极性主动性的需要。

（三）进一步完善长期承包经营管理制度

（1）进一步明确岗位定产制度。要以多年来行之有效的干胶产量测算办法为依据，结合实际，制定本单位干胶产量测算办法，并严格按此办法核定岗位承包周期各年度理论产量，并将其作为分公司开割胶园职工家庭长期承包责任书的附件。岗位产量测算出来以后，必须张榜公布，广泛征求作业区、生产队及承包户的意见，并根据征求意见进行修改。修改后再次征求各方意见，力求做到定产科学合理并且公开、公平、公正。分公司在核定生产队产量时和生产队核定承包户岗位产量时可预留3%～5%的调节产量，作为在生产过程中因不可预见因素等影响使定产偏离实际产胶水平时调整上缴产量的基数。在年终总结算时，多余的调节产量须全部分配到承包户，分公司和生产队不得截留。正常年景时，岗位定产和上缴产量均以测算的理论产量为准；特殊年景时，下一年度开割前分公司根据承包岗位胶树报废和受损株数情况，对岗位定产和上缴产量重新测算后进行调整。总公司对分公司产量调整情况进行指导和监督。

（2）进一步明确岗位调产制度。每月结算后，对收入偏高或偏低的承包岗位，要及时跟踪分析，查找原因。对于确实因定产不准或受自然灾害影响使测产偏离岗位实际产胶水平的，各分公司要成立由生产队长、辅导员、承包户代表组成的民主调产小组，本着民主、公开、公平、公正的原则，在本年度适当的时间集中对这些承包岗位的上缴产量进行调整。分公司有关部门对生产队调产情况进行指导和监督。调产的程序是，承包户提出书面申请→集中张榜公布→承包户大会投票评议确定是否调产→调产小组对岗位定产进行测评→确定初步调整产量→张榜公布→民主评议及承包户复议→调产小组议定→张榜公布。

（3）逐步落实承包人生产资料采购的经营自主权。承包岗位所需有机肥由承包户自行采购，以降低管理成本。承包岗位所需化肥既可由承包户按照总公司配方施肥要求和标准自行采购，也可联合采购或委托分公司采购，发挥团购优势。分公司要做好指导、服务和监督工作，确保承包户依照生产技术规程按质按量施肥。总公司要对肥料供应商制定准入标准，并定期在《南国都市报》和《海南农垦报》上发布各类肥料采购指导价，定期对供应的肥料进行质量抽检。硫黄粉由总公司统一采购，刺激剂由分公司统一采购配制，灭草剂、涂封剂、割胶工用具等由承包户自行采购。

（4）进一步完善结算办法。分公司与承包户结算要坚持"完成上缴、超产归己，统一收购、市价结算"的原则，承包户完成上缴后统一按当地市场收购价进行结算。分公司可采取月度预结算、年度总结算的方式，即月度结算时预留5%~10%的结算款，待年终根据责任书约定，承包户完成岗位冬春管理等任务后全部结清。月度预结算时须按每日收购价和当日承包户完成产量进行加权平均后结算。

（5）完善风险储备金制度。要建立和完善风险储备金制度，承包户要每月从收入中提取5%作为风险储备金（月收入低于海南省规定的市县最低工资标准时暂不提取，每户储备金最高限额为10000元），用于增强承包户抵御风险的能力。当遭遇自然灾害或干胶市场价格大幅下跌，承包户收入低于海南省规定的市县最低工资标准时，由承包户提出书面申请，分公司可从承包户储备金中提取适当金额作为承包户生产或生活费用，其他情况下，不启动风险储备金。承包期满，将风险储备金余额连同银行利息一并退还承包人。

（四）各方联动，为长期承包创造良好的外部环境

长期承包虽然是最基层的改革，触动的是最微观的经济基础，但却得到了来自高层的重视和支持。温家宝同志2009年4月视察海南农垦时，对长期承包给予了充分肯定。省委把农垦的长期承包写进党代会的报告，指示农垦要"理顺经营管理体制，重组基层生产单元，全面推行统分结合的家庭承包，变职工胶园劳务承包为真正意义上的家庭承包。省人大颁布的《关于推进海南农垦管理体制改

革的决定》也规定"农垦的开割胶园实行职工家庭长期承包体制"。要切实搞好长期承包，除了高层的重视和支持，基层的努力劳作，还需要各相关部门的配合协助，真正做到各方联动，为长期承包创造良好的外部环境。

（1）整治社会治安，搞好护林保胶。垦区治安和护林保胶三个层次三支重要力量要通力协作，发挥其作用和威力。第一层次是垦区公安和预备役部队，要发挥核心作用和危重特大事件中的威慑力。第二层次是保安公司，要充分发挥这支近千人骨干力量正常性、经营性维护正常生产经营秩序的职能及作用。第三层次是广大胶工互联互保以及基层治保和发挥行政组织的基础作用。当地政府及有关部门应把护林保胶、维护垦区社会治安作为维护当地社会治安的重要职责之一，加强对护林保胶工作的领导、协调和支持。

（2）整治行业秩序，实现行业良性发展。天然橡胶产业毕竟是比较特殊的产业，漫山遍野，周期长，资产存量大，易偷难防，一旦受损难以恢复。因此，它应该受到更尽心的呵护。要修订重颁《海南省天然橡胶保护管理暂行条例》，给予法律保护。要设立必要的收购加工销售的行业准入门槛，规范行业所有从业的法人与自然人的生产经营行为，给予行业保护。要发挥省天然橡胶协会的作用，衔接政府与行业经营者的联系和沟通，协调与强化业内生产经营者行业自律意识和行为。

六、海胶集团积极实施"走出去"战略

世界天然橡胶生产和出口市场主要在东盟国家，而中国90%以上的天然橡胶进口来自这些国家。这就意味着中国靠传统经营模式扩大天然橡胶规模的做法，在橡胶生产周期和热带土地资源稀缺等条件限制下，增产幅度是有限的。海南、云南和广东农垦都把眼光投向了东南亚，并开展了与东盟国家的实质合作，力图将天然橡胶种植、加工范围扩大到这些国家。显然，"走出去"指的是通过建设海外天然橡胶基地，走出国门发展天然橡胶种植、加工和贸易业。泰国、印度尼西亚和马来西亚三个东盟老成员国是天然橡胶主产地，橡胶业是优势产业，越南、缅甸和老挝等东盟新成员国也正在加快发展橡胶产业。

"走出去"既符合国家发展规划和产业政策，又是海南发展天然橡胶产业的战略选择，这对于充分利用国际资源，壮大产业实力，增强国际竞争力具有重要意义。在实施"走出去"发展战略过程中，要充分发挥自身的比较优势和垦区的力量，集中优势，把握机遇，加快开展境外投资、境外生产和境外经营的步伐，同时也要注重把国外先进的橡胶产品深加工的技术、资金与管理引进来，有效利用国内、国外两种资源、两个市场，实现国内外互补，以高技术含量和现代化的生产与管理引导企业向纵深发展，从而更好地整合资源、优化结构，壮大自身实力。

（一）实施"请进来、走出去"战略

首先要重点引进一批先进技术和设备，改造传统的工艺流程，优化品种结构，扩大加工规模，进一步提高橡胶产业的综合效益。其次要进一步拉"长"、加"宽"、增"厚"橡胶产业链条，真正形成内外联动、协作共进的产业发展新格局。最后要努力实现天然橡胶产业的现代化和国际化发展，引进现代企业制度和先进利益联结机制。

要坚定不移地走出国门，利用我们成熟的种植加工技术，到国外去发展橡胶种植业和橡胶加工业。在向国外扩张时必须要把握三个原则，一是要选择政局稳定的国家，这是最重要的一点。橡胶是长期经济作物，投资回收的周期较长，如果政局不稳定，投资回收就很难有保证。二是法律要完善，要选择法律较为完善的国家，使投资能够受到法律的保护。三是要看条件是否优惠。

（二）探索与国际市场接轨的最佳途径

作为世界最大的天然橡胶需求国，我们应该利用现代高科技手段，使用全球信息互联网，不断探索与国际市场接轨的最佳途径。海南农垦及其控股的海南橡胶积极响应国家"走出去"战略号召，全面提升在国际市场上的竞争力，积极在东南亚布局橡胶原料加工产业，加大对境外优质橡胶企业的并购重组。

2012 年，海南农垦收购国际最大橡胶贸易公司之一的新加坡 R1 国际公司 75% 股权，拥有了遍布四大洲的橡胶贸易网络；2017 年，海南农垦完成了对印度尼西亚最大的天然橡胶加工贸易企业 KM 公司 45% 股权以及新加坡 ART 橡胶贸易公司 62.5% 股权的收购，其中印度尼西亚 KM 公司年加工天然橡胶能力约 72 万吨，已取得包括米其林、普利司通、固特异等全球前 20 家轮胎制造商中 13 家的认证，一系列举措进一步提升海南农垦在国际天然橡胶市场的地位和话语权。

参考文献

[1] 曹梦晗，许能锐，邹文涛．"一带一路"背景下我国与东盟国家天然橡胶产业的竞争与合作分析［J］．中国热带农业，2019（1）：4-8.

[2] 陈定洋．供给侧改革视域下现代农业产业化联合体研究——产生机理、运行机制与实证分析［J］．科技进步与对策，2016，33（13）：78-83.

[3] 陈国林．云南天然橡胶产业发展研究［D］．北京：清华大学，2005.

[4] 陈惠到．提高海南植胶区经济效益的对策分析［J］．中国农垦，2009（9）：52-53.

[5] 陈家成．海南农垦橡胶经济改革模式初探［J］．中国农垦，2008（9）：36-37.

[6] 陈家成．实行以职工家庭承包国有资产经营责任制的思考［J］．中国农垦，2000（5）：5-6.

[7] 陈林，彭婷婷，吕亚楠，等．实现我国天然橡胶的供给侧结构性改革研究——基于战略收储政策的视角［J］．宏观经济研究，2017（6）：168-175.

[8] 陈秋波．中国与世界主要天然橡胶生产国天然橡胶生产的历史、现状、问题及策略［J］．中国橡胶，2009（22）：8-13.

[9] 陈胜楠．对橡胶制品行业发展现状的调查与分析［J］．河北企业，2018（8）：7-8.

[10] 陈伟强，李芹．中国天然橡胶产业发展的回归分析［J］．热带农业科学，2007（1）：42-45.

[11] 陈鹰，黄茂芳．天然橡胶加工布局调整及主要问题［C］．长沙：热带作物产业带建设规划研讨会，2006.

[12] 陈中涛．国内橡胶市场价格延续小幅震荡——9月份国内橡胶市场分析［J］．中国橡胶，2011（20）：26-27.

［13］陈中涛．价格小幅震荡　市场走势平稳——8月份国内橡胶市场分析［J］．中国橡胶，2011（19）：32-33.

［14］陈中涛．市场价格跌幅扩大　后市震荡整理为主——10月份国内橡胶市场分析［J］．中国橡胶，2011（22）：22-23.

［15］陈中涛．原油价格飚升将推动天然橡胶市场价格上涨［J］．橡胶科技市场，2005（15）：23.

［16］陈中涛．资源增多　需求平稳　价格小幅震荡——7月份国内橡胶市场分析［J］．中国橡胶，2011（16）：23-24.

［17］邓辉．海南天然橡胶生产存在的质量问题及对策［J］．热带农业工程，2001（4）：25-26.

［18］邓须军，傅国华，李玉凤．海南农垦天然橡胶生产的模型分析［J］．华南热带农业大学学报，2007（2）：10-13.

［19］邓须军，傅国华．海南农垦天然橡胶生产的模型分析［C］．长沙：热带作物产业带建设规划研讨会，2006a.

［20］邓须军，傅国华．海南省民营橡胶产业的经济分析［J］．中国热带农业，2006b（6）：8-9.

［21］邓须军，李玉凤．海南天然橡胶产业发展研究［M］．北京：中国农业出版社，2009.

［22］董政祎，王玉斌．基于Rotterdam模型的中国天然橡胶进口需求分析［J］．资源开发与市场，2018（3）：309-315.

［23］樊孝凤．美元汇率对中国天然橡胶现货价格影响的实证［J］．林业经济问题，2016，36（4）：355-360.

［24］范红霞，过建春，刘泽隆．海南农垦2002~2003年度干胶生产影响因素实证分析［J］．林业经济问题，2005（4）：209-211.

［25］范红霞．海南天然橡胶和甘蔗生产函数模型构建与应用［D］．广州：华南热带农业大学，2005.

［26］范龙昌，范永忠．农业产业化过程中农户利益的保障机制研究——基于"公司+农户"经营模式的分析［J］．改革与战略，2011（8）：90-92.

［27］冯娟，柯佑鹏，赵朝飞．应用GM（1，1）模型对天然橡胶期货价格进行预测的实证分析［J］．华南热带农业大学学报，2007（2）：14-18.

［28］冯娟，赵朝飞，柯佑鹏．天然橡胶期货价格与现货价格波动关系的实证研究［J］．现代经济（现代物业下半月刊），2009，8（5）：10-12.

［29］冯子华，林尧俊．海南天然橡胶生产面临的挑战［J］．扬州教育学院学报，2000（3）：1-3.

［30］符孟彪，曾顺勋．物权法实施后农垦国有农用地承包经营面临的问题与对策［J］．中国农垦，2008（5）：19-20.

［31］符树辉．浅论海南垦区国有农场管理体制创新［J］．中国农垦经济，1998（7）：37-39.

［32］付如作．瑞丽市橡胶产业发展现状及对策研究［J］．农业与技术，2017，37（5）：145-147.

［33］傅国华，许海平，安建梅．中国天然橡胶产业比较优势分析［J］．中国热带农业，2008（1）：8-9.

［34］傅国华，许海平．世界主要产胶国发展橡胶产业的政策比较［J］．中国橡胶，2007（9）：4-6.

［35］傅国华，许海平．天然橡胶生产效率的 DEA 分析——以广东湛江农垦为例［C］．西双版纳：中国热带作物学会 2007 年学术年会，2007.

［36］傅国华，许海平．中国天然橡胶供给与需求实证分析［C］．南宁：中国热带作物学会 2005 年学术（青年学术）研讨会，2005.

［37］傅国华，许能锐．植胶农垦企业的经济外部性分析——基于云南、海南国有与民营橡胶成本比较研究［C］．长沙：热带作物产业带建设规划研讨会，2006.

［38］傅国华．巩固和发展我国天然橡胶业［J］．热带作物研究，1995（1）：13-17.

［39］傅新．中国天然橡胶产业应对国际金融危机的对策［J］．经济研究导刊，2009（9）：93-94.

［40］高晨．中缅泰老天然橡胶产业合作与发展研究［D］．昆明：云南师范大学，2020.

［41］龚国光，刘依庆．我国天然胶期货市场价格发现功能实证研究［J］．武汉理工大学学报（信息与管理工程版），2007（6）：125-128.

［42］龚国光，刘依庆．我国天然胶期货市场有效性实证分析［J］．武汉理工大学学报（信息与管理工程版），2008（1）：136-139.

［43］龚国光．我国天然胶期货价格与现货价格关系的实证研究［J］．新疆财经，2005（5）：62-64.

［44］龚国光．我国天然胶期货市场有效性实证分析及对策建议［D］．上

海：同济大学，2006.

　　［45］郭小青．制造业产业集聚、技术创新对城市环境污染的影响机制与效应研究——基于 269 个城市的实证分析［D］．南昌：江西财经大学，2020.

　　［46］郭又新．20 世纪 90 年代以来越南天然橡胶产业政策探析［J］．东南亚研究，2011（3）：33-38.

　　［47］何新安，熊启泉，刘莹丰．1993-2005 年广东农业生产率的变动与分解——基于 Malmquist 生产率指数的实证分析［J］．南方经济，2009（2）：69-80.

　　［48］何勇．中国与东盟国家天然橡胶产业竞争与合作分析［J］．世界农业，2016（5）：130-135.

　　［49］胡光明．对完善家庭农场经营机制的思考［J］．中国农垦，2010（3）：36-38.

　　［50］胡卫东，傅国华．科学划分层次　全面提高生产效率——基于海南农垦天然橡胶生产效率的实证分析［C］．西双版纳：中国热带作物学会 2007 年学术年会，2007.

　　［51］胡卫东，张德生，傅国华．海南农垦天然橡胶的生产效率研究［J］．林业经济问题，2008（1）：65-68.

　　［52］胡卫东．海南农垦天然橡胶种植业生产效率研究［D］．海口：海南大学，2008.

　　［53］黄冠．天然橡胶企业跨国产业链构建研究——以广垦橡胶集团公司为例［J］．中小企业管理与科技（中旬刊），2018（10）：43-47.

　　［54］黄炉城．农场+职工家庭合作经营：海南农垦橡胶经营体制改革的探讨［J］．中国农垦经济，2000（4）：37-38.

　　［55］黄世国，韦明．规模与效益只有和谐发展才能实现共赢——海南国营与民营天然橡胶生产成本调查分析启示［J］．内蒙古科技与经济，2007（7）：4-5.

　　［56］黄世国，许能锐，胡卫东，等．海南民营橡胶生产成本调查分析［J］．广西热带农业，2007（5）：39-41.

　　［57］黄循精，黄艳．国内外天然橡胶产销现状分析（一）［J］．橡胶科技市场，2006a（17）：4-6.

　　［58］黄循精，黄艳．全球天然橡胶的产销现状与未来展望［J］．橡胶科技市场，2006b（1）：6-9.

［59］黄循精，莫善文，邓志声，等．关于建立我国高产稳产天然橡胶生产基地若干问题的探讨［J］．热带作物研究，1993（2）：44-49.

［60］黄循精，王强．世界天然橡胶的发展现状与未来展望［C］．中国热带作物学会第七次全国会员代表大会暨学术讨论会，2004a.

［61］黄循精，王强．世界天然橡胶的最新进展和我国天然橡胶的发展现状（一）［J］．中国橡胶，2004c（20）：8-11.

［62］黄循精，王强．世界天然橡胶的最新进展和我国天然橡胶的发展现状（二）［J］．中国橡胶，2004b（21）：7-8.

［63］黄循精，王永昌，邓志声等．关于建立我国天然橡胶生产基地问题的探讨［J］．农业图书情报学刊，1995（3）：47-52.

［64］黄循精．我国天然橡胶市场需求预测与未来发展［J］．中国橡胶，2006（2）：10-14.

［65］黄循精．印度天然橡胶业的现状与未来［J］．世界热带农业信息，2003（2）：1-2.

［66］黄宗道．我国天然橡胶业面临的挑战和发展战略［J］．中国工程科学，2001（2）：28-32.

［67］黄祖辉．改革开放四十年：中国农业产业组织的变革与前瞻［J］．农业经济问题，2018（11）：61-69.

［68］江军，方佳．天然橡胶产业供给安全研究［J］．热带农业科学，2011（8）：69-71，75.

［69］蒋菊生，周钟毓．21世纪初中国天然橡胶生产、消费、贸易预测［J］．热带农业科学，1999（6）：63-71.

［70］蒋菊生，周钟毓．面向21世纪的我国天然橡胶科技［J］．热带作物研究，1997（3）：1-7.

［71］蒋菊生，周钟毓．世纪之交的我国天然橡胶科技发展［C］．北京："科学技术面向新世纪"学术年会，1998.

［72］蒋菊生．WTO与中国天然橡胶产业的生态转型［C］．成都：中国科协学术年会，2002.

［73］蒋菊生．海南天然橡胶产业发展概况［J］．世界热带农业信息，2008（8）：17-22.

［74］蒋菊生．建立我国天然橡胶科技创新体系　促进天然橡胶产业的改造与升级［J］．华南热带农业大学学报，2001（1）：40-45.

［75］蒋菊生，阮云泽，熊代群，等．中国天然橡胶产业战略转型研究［M］．北京：中国农业科学技术出版社，2009.

［76］蒋硕凡，李晶洁，杨富贵．基于超效率 DEA 模型的地区农业循环经济效率评价研究［J］．绿色科技，2021，23（2）：247-250.

［77］金怀玉，菅利荣，焦立新．安徽省农业技术效率变动的实证分析［J］．中国科技论坛，2011（7）：129-133.

［78］金璟．云南农垦橡胶企业经济改革定量分析［D］．成都：西南财经大学，2006.

［79］匡春华．浅议橡胶生产家庭承包经营改革［J］．中国农垦经济，2003（11）：25-26.

［80］李丹，李强．中国农业生产效率分析：1995～2005［J］．生产力研究，2009（1）：39-42.

［81］李谷成．技术效率、技术进步与中国农业生产率增长［J］．经济评论，2009（1）：60-68.

［82］李金涛，白燕冰，钏相仙，等．德宏地区橡胶产业未来发展的思考［J］．热带农业科技，2019，49（2）：40-44.

［83］李尽法，吴育华．河南省农业全要素生产率变动实证分析——基于Malmquist 指数方法［J］．农业技术经济，2008（2）：96-102.

［84］李均立，傅国华，过建春．橡胶农场经济发展状况评价的统计分析［J］．农业技术经济，2006（5）：54-58.

［85］李均立，莫文静．海南农垦橡胶农场可持续发展评价指标体系的构建［J］．安徽农学通报，2008（18）：11-12.

［86］李均立，许能锐，莫文静．农场经济发展水平的空间差异分析——以海南农垦橡胶农场为例［J］．海南大学学报（人文社会科学版），2009（3）：253-257.

［87］李均立，张宇慧．我国天然橡胶消费量的预测［J］．技术经济与管理研究，2004（2）：55-56.

［88］李林．指点模式赢利时代［J］．企业研究，2007（11）：41-47.

［89］李普旺，黄茂芳，吕明哲．我国天然橡胶产业现状与前景分析［J］．热带农业工程，2005（2）：7-10.

［90］李庆华，李东，李春生．经营模式：企业的能力场［J］．大连理工大学学报（社会科学版），2004（4）：57-62.

［91］李伟．河北省徐水县农业生产率的实证分析［D］．保定：河北大学，2010．

［92］李尧．FDI 技术溢出效应占农业产业组织演进［J］．广东农业科学，2013，40（5）：209-211．

［93］李英毅，魏宏杰．中国天然橡胶消费与经济增长的协整分析［J］．统计与决策，2009（23）：108-109．

［94］栗学思．如何规划企业的赢利模式［J］．通信企业管理，2003（6）：59．

［95］林爱京．中泰天然橡胶贸易发展研究［D］．北京：对外经济贸易大学，2007．

［96］林位夫，蒋菊生，陈秋波．21 世纪初中国天然橡胶生产与消费趋势［J］．热带农业科学，2002（2）：31-34．

［97］林位夫，周钟毓．世界天然橡胶业发展概况与我国天然橡胶科技发展的设想［J］．热带农业科学，2000（1）：37-42．

［98］林位夫，周钟毓．我国天然橡胶生产的回顾和展望［J］．热带农业科学，1999（4）：63-68．

［99］林心如．泰国加入 AEC 对中泰天然橡胶贸易的影响［D］．大连：东北财经大学，2017．

［100］林尧俊，蔡东宏，樊孝凤，等．我国加入 WTO 后对海南天然橡胶生产的影响［J］．中国农垦经济，2000（4）：29-30．

［101］刘海清，张以山．海南农垦天然橡胶生产科技进步贡献率的测算与分析［J］．中国农学通报，2011（30）：111-115．

［102］刘建中，陈积贤．云南天然橡胶产业可持续发展的建议［J］．中国热带农业，2010（2）：16-19．

［103］刘美娟．改革开放以来我国农业生产经营组织模式演进研究［D］．贵阳：贵州财经大学，2021．

［104］刘锐金，黄华孙．确保我国天然橡胶有效供给的思考［J］．中国农技推广，2019，35（11）：6-10．

［105］刘锐金．汇率冲击对天然橡胶合成橡胶价格的影响分析［J］．林业经济问题，2017，32（2）：61-69，107．

［106］卢琨．基于 SWOT 分析的我国天然橡胶产业发展研究［J］．山西农业科学，2017，45（6）：1011-1016，1027．

［107］吕林汉．创新橡胶企业经营模式　促进橡胶产业发展转型［J］．中国农垦，2011（3）：44-46.

［108］罗萍，贺军军，戴小红，等．广东垦区天然橡胶产业发展现状及存在问题探讨［J］．广东农业科学，2011（21）：25-27.

［109］毛新翠，李智全．海南农垦开割胶园职工家庭长期承包探析［J］．中国热带农业，2009（4）：19-20.

［110］毛旭强，傅国华．海南农垦天然橡胶业经济增长实证分析［J］．琼州大学学报，2006（4）：11-13.

［111］毛昭庆，罗雁，等．基于SWOT分析的云南天然橡胶产业发展战略研究［J］．中国热带农业，2019（1）：12-15.

［112］蒙绪儒．海南民营橡胶产业迫切需要国家产业政策扶持［J］．世界热带农业信息，2009（12）：23-25.

［113］蒙绪儒．海南天然橡胶防护林建设的存在问题与措施［J］．世界热带农业信息，2008（11）：24-25.

［114］莫光福．海南农垦开割胶园经营模式变迁概况［J］．世界热带农业信息，2008（11）：8.

［115］莫业勇．天然橡胶供需形势和风险分析［J］．中国热带农业，2019（2）：4-6，10.

［116］聂晶．我国天然橡胶产业海外投资合作的区域选择及支持措施［J］．对外经贸实务，2019（12）：82-85.

［117］潘升煜．海南天然橡胶产业结构调整现状与发展对策［J］．热带农业工程，2006（1）：38-43.

［118］庞启武．海南农垦改革发展现状与展望［J］．中国农垦，2009（3）：41-43.

［119］戚振宇，汤吉华，张杜．比较制度分析视域下我国农业产业化组织模式的优化［J］．财会月刊，2020（2）：131-136.

［120］钱志新．创新商业模式探析［J］．现代管理科学，2007（8）：3-4.

［121］冉洁，彭勇．海南省天然橡胶产业转型升级路径探析［J］．海南金融，2019（3）：64-70.

［122］孙红绪，石伟平．建标准基地，种绿色蔬菜—以宜昌美合蔬菜种植专业合作社为例［J］．长江蔬菜，2018（3）：63-65.

［123］孙晓艳．橡胶产业海内外发展的优劣势分析——以广东农垦为例

［J］．中国农垦，2019（3）：39-42.

　　［124］谭汉虎．从安全视角看天然橡胶"走出去"战略［J］．合作经济与科技，2018（8）：90-92.

　　［125］谭忠昕，郭翔宇．基于超效率 DEA 方法的中国粮食生产效率评价分析［J］．农业现代化研究，2019，40（3）：431-440.

　　［126］唐桂云．临沧市天然橡胶初加工产业发展现状、存在问题及对策［J］．云南农业科技，2019（2）：25-27.

　　［127］唐卓贤，谢平．加入 WTO 后海南天然橡胶产业发展的财政对策［C］．中国"三农"问题研究获奖优秀论文选编，2004.

　　［128］田志龙，盘远华，高海涛．商业模式创新途径探讨［J］．经济与管理，2006（1）：42-45.

　　［129］王冬生．中国天然橡胶进口现状及未来发展［J］．橡胶科技市场，2006（12）：19-20.

　　［130］王锋．从国内外橡胶制品业发展趋势看我国天然橡胶初加工产品结构调整［J］．世界热带农业信息，2000（11）：6-7.

　　［131］王锋．关于我国天然橡胶业生产结构调整问题的讨论［J］．华南热带农业大学学报，2001（2）：35-39.

　　［132］王锋．国产天然橡胶市场竞争力分析——关于加入 WTO 对我国天然橡胶业影响问题的讨论［J］．云南热作科技，2000（3）：23-26.

　　［133］王锋．国内外天然橡胶单位面积产量水平比较［J］．世界热带农业信息，2000（11）：3-4.

　　［134］王锋．天然橡胶市场价格变化及市场前景分析［J］．热带农业科学，2003（1）：24-28.

　　［135］王锋．天然橡胶售价、成本和中国天然橡胶市场竞争潜力分析［J］．世界热带农业信息，2000（11）：5-6.

　　［136］王锋．我国天然橡胶业的重要成就与科技创新［J］．世界热带农业信息，2000（8）：1-4.

　　［137］王锋．中国天然橡胶业可持续发展探讨［J］．华南热带农业大学学报，2002（3）：58-63.

　　［138］王继祥．中国天然橡胶"走出去"发展存在的问题与对策分析［J］．热带农业工程，2011，35（4）：54-57.

　　［139］王军，林位夫，谢贵水，等．马来西亚小胶园扶持政策考察报告

〔J〕. 热带农业科学, 2009 (2): 17-20.

　　〔140〕王廉. 商业模式是企业第一生产力　商业模式决定企业成败〔M〕. 广州: 暨南大学出版社, 2005.

　　〔141〕王庆功, 王丙毅, 李鹏. 新型农业经营主体培育及其组织模式创新研究〔J〕. 泰山学院学报, 2016, 38 (2): 44-54.

　　〔142〕王雪娇, 陈良正, 李隆伟, 等. 促进云南省天然橡胶产业可持续发展的建议研究〔J〕. 江西农业学报, 2019, 31 (7): 144-150.

　　〔143〕韦优, 韦持章, 周婧, 等. 广西天然橡胶种植现状与发展对策〔J〕. 农业研究与应用, 2011 (2): 50-53.

　　〔144〕魏宏杰, 刘锐金, 杨琳. 中国天然橡胶生产波动性及增长趋势——基于 HP 滤波的实证研究〔J〕. 林业经济问题, 2011, 31 (5): 452-458.

　　〔145〕伍崇利. 论农业适度规模经营之模式选择〔J〕. 特区经济, 2011 (3): 184-186.

　　〔146〕夏飞. 中国天然橡胶进口依存度持续过高的原因及应对策略〔J〕. 对外经贸实务, 2017 (8): 52-55.

　　〔147〕肖端云. 职工多产胶　收入创新高——2003 年云南农垦推行橡胶家庭承包经营概述〔J〕. 中国农垦经济, 2004 (11): 45-47.

　　〔148〕肖作良. 中国铝和天然橡胶现货价格和期货价格协整分析〔D〕. 北京: 对外经济贸易大学, 2006.

　　〔149〕谢镜如, 许峰. 实行股份合作制是垦区基层农业单位组织创新的重要途径〔J〕. 中国农垦经济, 1996 (6): 19-22.

　　〔150〕徐彬彬. 泰国天然橡胶在华市场竞争力研究〔D〕. 海口: 海南大学, 2019.

　　〔151〕徐成德. 我国天然橡胶市场分析和产业安全对策〔J〕. 中国热带农业, 2009 (1): 26-28.

　　〔152〕徐旭初, 吴彬. 合作是小农户和现代农业发展有机衔接的理想载体吗?〔J〕. 中国农村经济, 2018 (11): 80-95.

　　〔153〕徐扬川. 关于天然橡胶产业发展的几点建议〔J〕. 农业科技通讯, 2018 (11): 23-25.

　　〔154〕许道顺, 许升锋. 经济一体化背景下海南省橡胶产业的发展战略〔J〕. 海南金融, 2006 (9): 25-28.

　　〔155〕许海平, 傅国华, 张德生, 等. 中国天然橡胶需求弹性研究〔J〕.

农村经济与科技，2007（4）：27-28.

［156］许海平，傅国华．海南农垦天然橡胶生产的技术效率分析——基于随机前沿分析方法［J］．中国农村经济，2008（7）：39-45.

［157］许海平，傅国华．世界天然橡胶的供给与需求实证分析［C］．热带作物产业带建设规划研讨会（中国湖南长沙），2006.

［158］许海平，傅国华．天然橡胶的弹性研究［J］．林业经济问题，2007（2）：170-172.

［159］许海平，傅国华．天然橡胶生产效率的 DEA 分析——以广东湛江农垦为例［J］．中外企业家，2010（8）：21-24.

［160］许海平，傅国华．我国天然橡胶安全指标的探讨［J］．中国农垦，2007a（6）：33-34.

［161］许海平，傅国华．我国天然橡胶安全状况研究［J］．海南大学学报（人文社会科学版），2007b（6）：648-654.

［162］许海平，傅国华．我国天然橡胶产业发展趋势［J］．中国热带农业，2007c（2）：15-16.

［163］许海平，许能锐，吴顺祥．中国天然橡胶的生产率增长、效率变化与技术进步——海南农垦88个植胶农场的实证研究［J］．河北科技大学学报（社会科学版），2011（3）：1-7.

［164］许海平，张德生．海南农垦天然橡胶生产的技术效率与全要素生产率增长分解［J］．热带农业科学，2010（9）：28-34.

［165］许海平．天然橡胶生产函数、弹性及供给与需求分析［D］．海口：华南热带农业大学，2006.

［166］杨媚．A乡农业产业化经营模式调查与发展路径研究［D］．石家庄：河北科技大学，2019.

［167］杨培生，李秉龙．中国天然橡胶业国际竞争力分析［J］．中国农垦经济，2002（5）：28-30.

［168］杨培生．提高我国天然橡胶产业竞争力的思考［J］．中国热带农业，2005（4）：4-6.

［169］杨培生．天然橡胶价格持续走疲今年形势不容乐观［J］．中国农垦，1992（1）：13.

［170］杨焰平，陈伟强．云南农垦天然橡胶产业典型相关分析与可持续发展［J］．热带农业科学，2008（3）：40-46.

[171] 杨焰平，陈伟强．云南农垦天然橡胶产业典型相关分析与可持续发展——基于欧美发达国家广泛关注的先进研究手段实证分析 [C]．西双版纳：云南省热带作物学会第七次代表大会暨 2009 年学术年会，2009.

[172] 杨云飞．落实橡胶长期承包　关键在党员干部 [N]．海南农垦报，2008a-05-10（2）．

[173] 杨云飞．推进胶园长期承包必须处理好"四大"关系 [J]．中国热带农业，2008b（3）：15-16.

[174] 姚飞．农业组织创新过程及演化机理分析——基于河南省的大农业群的对比 [D]．郑州：河南大学，2018.

[175] 叶德林，陈刚．更新换代橡胶品种　推进产业优化升级 [J]．中国橡胶，2010（24）：33-35.

[176] 叶德林，李祥明．抓住产业发展机遇全面提升勐腊橡胶产业发展水平 [C]．南京：中国热带作物学会天然橡胶专业委员会学术交流会，2006.

[177] 叶德林．勐腊县民营天然橡胶产业发展、问题与建议 [J]．云南科技管理，2007（1）：22-24.

[178] 叶德林．推动天然胶生产高效发展——勐腊农场一分场改革割胶制度 [J]．中国橡胶，2001（12）：19-20.

[179] 叶德林．西部开发与天然橡胶可持续发展 [J]．中国农垦，2003（1）：21-24.

[180] 叶德林．云南勐腊农场整合资源提升橡胶产业 [J]．中国橡胶，2010（20）：34.

[181] 叶德林．云南勐腊县民营天然橡胶产业发展现状、问题与建议 [J]．热带农业科技，2006（4）：15-17.

[182] 叶生贵，凌远云，刘锐金．中国农垦全要素生产率的随机前沿分析 [J]．华中农业大学学报（社会科学版），2009（2）：16-21.

[183] 叶生贵，刘锐金．中国农垦全要素生产率的估算 [J]．中国集体经济，2008（11）：77-78.

[184] 于慧媛．中国天然橡胶产业国际化发展研究 [J]．国际经济合作，2016（8）：80-83.

[185] 岳国华．进一步发展海南天然橡胶产业的建议 [J]．世界热带农业信息，2008（11）：8-9.

[186] 岳双喜．农业组织制度的边界、成因及金融制度适应性 [J]．农业

经济, 2019 (7): 82-84.

[187] 曾峰, 牛文健, 张以山, 等. 海南垦区职工家庭农场经营现状及其发展对策 [J]. 华南热带农业大学学报, 2000 (4): 28-31.

[188] 曾峰. 对当前我国天然橡胶产业结构调整的思考 [J]. 乡镇经济, 2001 (12): 9-10.

[189] 曾福生. 中国现代农业经营模式及其创新的探讨 [J]. 农业经济问题, 2011 (10): 4-10.

[190] 曾海联. "1号工程"的"1号改革"——海南农垦推行橡胶长期家庭承包经营机制 [J]. 今日海南, 2008a (6): 32-33.

[191] 曾海联. 海南垦区产权制度改革势在必行 [J]. 今日海南, 2003 (4): 26.

[192] 曾海联. 建立高效的橡胶经营机制 [N]. 海南日报, 2008b-05-12 (13).

[193] 曾海联. 推行开割胶园家庭长期承包应注意的几个问题 [N]. 海南农垦报, 2008c-05-10 (02).

[194] 曾顺勋, 黄炉城, 陈芹庆. 关于海南垦区新植橡胶经营模式的调查 [J]. 中国农垦经济, 1999 (4): 28-31.

[195] 曾涛. 企业商业模式研究 [D]. 成都: 西南财经大学, 2006.

[196] 张成光. 越南天然橡胶出口贸易的竞争力研究 [D]. 武汉: 华中农业大学, 2017.

[197] 张德生, 傅国华, 胡卫东. 海南农垦天然橡胶生产效率分析——基于时间序列数据的实证分析 [C]. 中国热带作物学会 2007 年学术年会 (中国云南西双版纳), 2007.

[198] 张德生, 胡卫东, 张赛丽. 基于 VAR 模型的海南农垦天然橡胶要素投入产出分析 [J]. 热带农业科技, 2010 (4): 1-6.

[199] 张光华, 陈子真, 王力, 等. 公司化经营是兵团农业现代化的基本制度支撑——农六师葡萄产业公司化经营模式探析 [J]. 新疆农垦经济, 2011 (11): 25-29.

[200] 张雪松. 基于 DEA 的黑龙江省县级市农业生产效率研究 [D]. 哈尔滨: 东北农业大学, 2016.

[201] 张玉梅. 天然橡胶市场空间均衡模型研究 [D]. 海口: 华南热带农业大学, 2006.

［202］赵忠，陈章柱．橡胶价格中级调整还将延续［N］．国际商报，2010-05-10（10）．

［203］郑文荣．"入世"对我国天然橡胶产业的影响和对策［C］．中国科协 2000 年学术年会，2000.

［204］郑文荣．我国天然橡胶产业的市场竞争力及"入世"后的发展对策［J］．热带农业科学，2000（4）：52-59.

［205］周海琼．基于 SCP 范式从产业组织角度分析保障我国农业产品质量对策［J］．纳税，2018，12（22）：255.

［206］周建南．中国橡胶业的发展现状、预测和对策［J］．热带作物研究，1995（1）：18-25.

［207］周曙东，周润．中美贸易摩擦对中国—东盟天然橡胶贸易的影响［J］．世界农业，2019（3）：63-69.

［208］周贤君．湖南省各市州农业全要素生产率增长及其分析［D］．长沙：湖南农业大学，2010.

［209］周钟毓．中国天然橡胶业 50 年［J］．热带农业科学，2000（5）：63-85.

［210］邹文涛，刘湘洪，孙娟，等．中国天然橡胶消费自给率评价的创新与构建［J］．海南热带海洋学院学报，2017，24（4）：105-108.

［211］Amit R H，Zott C. Business Model Innovation：Creating Value in Times of Change［R］. IESE Business School Working Paper，2010.

［212］Apinga W，Chalermpon J. The Rubber Price Structure of Thailand and Impulse Response to World Price［J］. Journal of Critical Reviews，2020，7（19）：4429-4437.

［213］Barlow C. Prospects for Natural Rubber［J］. Economic Record，2011，46（116）：482-496.

［214］Batubara M M. Factors That May Affect the Production of Natural Rubber［J］. Publikasi-Berkala-Penelitian-Pascasarjana-Unpad（Indonesia），2002，10（1）：65-73.

［215］Birkinshaw J M. Entrepreneurship in the Global Firm［M］. London：SAGE，2000.

［216］Bornemann M. Performance Implications of the Business Model and the Moderating Effects of the Environment［J］. Academy of Management Annual Meeting

Proceedings, 2009 (6): 1-6.

［217］Brendon R M, et al. Production, Classification and Properties of NR ［J］. Rubber World, 2005, 232 (6): 41-48.

［218］Caredda S. Business Models: The Theory and Practice ［R］. Insights on Work, Organization Design, Leadership and Change, 2020.

［219］Carletto C, Savastano S, Zezza A. Fact or Artifact: The Impact of Measurement Errors on the Farm Size-Productivity Relationship ［J］. Journal of Development Economics, 2013, 103: 254-261.

［220］Cavicchioli D. What Factors Encourage Intrafamily Farm Succession in Mountain Areas? ［J］. Mountain Research and Development, 2015, 35 (2): 152-160.

［221］Chawanon C. Factors Affecting the Thailand Natural Rubber Market Equilibrium: Demand and Supply Response Analysis Using Two-stag Least Squars Approach ［D］. California Polytechnic State University, 2014.

［222］Chinprateep A. A Study of the Factors Determining the Balance of Thailand Natural Rubber Exports Using a Simultaneous Equations Model ［J］. Thailand and the World Economy, 2017, 35 (1): 28-45.

［223］Collins J E, Vanagt T, Huys I, et al. Corrigendum: Marine Bioresource Development-Stakeholder's Challenges, Implementable Actions, and Business Models ［J］. Frontiers in Marine Science, 2020 (7), doi: 10.3389/fmars, 2020, 00062.

［224］Core S A R. Business Model Dynamics the Central Role of Individual Agency ［J］. Academy of Management Proceedings, 2010 (6): 1-6.

［225］Davide C, Pasquale Del V, David P, et al. Digital Technologies in the Business Model Transition Towards a Circular Economy ［R］. Resources, Conservation and Recycling, 2020.

［226］Dejchanchaiwong R, Kumar A, Tekasakul P. Performance and Economic Analysis of Natural Convention Based Rubber Smoking Room for Rubber Cooperatives in Thailand ［J］. Renewable Energy, 2019 (132): 233-242.

［227］Demil B. Business Model Evolution ［J］. Long Range Planning, 2010, 43 (2): 227-246.

［228］Farrell M J. The Measurement of Productive Efficiency ［J］. Journal of the

Royal Statistical Society, 1957 (3): 253-290.

［229］ Finlay M. Growing American Rubber ［M］. Rutgers University Press, 2009.

［230］ Girotra K, Netessine S. How to Build Risk into Your Business Model ［J］. Harvard Business Review, 2011 (89): 100-105.

［231］ Graff G. Buyers, Manufacturers Look for New Ways to Offset Higher Rubber Costs ［J］. Purchasing, 2008, 137 (6): 31-32.

［232］ Harvey L. Allocative Efficiency vs. "X-Efficiency" ［J］. The American Economic Review, 1966, 56 (3): 392-415.

［233］ Howard F A. Synthetic Rubber ［J］. Harvard Business Review, 1941, 20 (1): 1-9.

［234］ Huelsbeck D, Merchant K, Sandino T. On Testing Business Models ［J］. Accounting Review, 2011, 86 (5): 1631-1654.

［235］ Johnson M. Reinventing Your Business Model ［J］. Harvard Business Review, 2010, 86 (12): 50-59.

［236］ Knorr K E. World Rubber Problems ［J］. Harvard Business Review, 1946, 24 (3): 394-404.

［237］ Krishnamoorthy S, Rajasekharan P. Technical Efficiency of Natural Rubber Production in Kerala: A Panel Data Analysis ［J］. Indian Journal of Agriculutral Economics, 1999, 54 (4): 545-553.

［238］ Lekshmi S, George K T. Expansion of Natural Rubber Cultivation in Kerala: An Exploratory Analysis ［J］. Indian Journal of Agricultural Economics, 2003, 58 (2): 218-233.

［239］ London T. Business Model Development for Base ［J］. Academy of Management Proceedings, 2010 (1): 1-6.

［240］ McCausland Tammy. Innovation in the Circular Economy ［J］. Research-Technology Management, 2021, 64 (3): 72-75.

［241］ Medina G, Almeida C. Development Conditions for Family Farming: Lessons from Brazil ［J］. World Development, 2015 (74): 386-396.

［242］ Melba Y, Shivakumer K M. Price Performance and Supply Response of Natural Rubber ［J］. Economic Affairs, 2016, 61 (1): 173.

［243］ Mooney P H. My Own Boss? Class, Rationality, and the Family Farm

[D] . Taylor & Francis Group, 2015.

[244] Moore M. More Headaches Due as Natural Rubber Pricing Instability Persists [J] . Tire Business, 2008, 26 (2): 16-17.

[245] Moore M. NR Prices on Upward Spiral [J] . Tire Business, 2011, 28 (23): 4.

[246] Pelegrinov L, Pekov P. Innovation Business Models: The Case of Eastern Slovakia [J] . International Journal of Management Cases, 2011, 13 (3): 24-37.

[247] Promme P, John K M. Factors Influencing Rubber Marketing by Smallholder Farmers in Thailand [J] . Development in Practice, 2017 (6): 865-879.

[248] Reinhold S, Zach F J, Krizaj D. Business Models in Tourism [J] . Tourism Review, 2019, 74 (6): 1129-1134.

[249] Sangma W. An Efficient Analysis of Cassava and Rubber Yields in Thailand Using GEE and LMM with Spatial Effects [D] . Rajamangala University of Technology Phra Nakhon, 2020.

[250] Shaw D. Marking 100 Years of Synthetic Rubber [J] . European Rubber Journal, 2009, 191 (5): 40.

[251] Shaw D. Natural Rubber to Join Carbon Credit System [J] . European Rubber Journal, 2009, 191 (3): 43.

[252] Shaw D. Rubber Prices Shoot to All-time High [J] . European Rubber Journal, 2010, 192 (2): 36.

[253] Sheth A P, Gomadam K. The 4×4 Semantic Model: Exploiting Data, Functional, Non-functional and Execution Semantics across Business Process, Workflow, Partner Services and Middleware Services Tiers [M] //Filipe J., Cordeiro J., Cardoso J. Enterprise Information Systems. Springer Berlin Heidelberg, 2009: 16.

[254] Shi Y M T. Understanding Business Models and Business Model Risks [J] . Journal of Private Equity, 2009, 12 (2): 49-59.

[255] Spector Y. Theory of Constraint Methodology Where the Constraint Is the Business Model [J] . International Journal of Production Research, 2011, 49 (11): 3387-3394.

[256] Stubbs R. Renegotiating the International Natural Rubber Agreement [J] . ASEAN Economic Bulletin, 1988, 5 (2): 140-151.

[257] Tanielia A. Sustainability and Competitiveness in Thai Rubber Industries

[J]. Copenhagen Journal of Asia Studies, 2018, 36 (1): 50.

[258] Tesfaye F, Peng H, Zhang M. Advances in the Circular Economy of Lanthanides [J]. The Journal of the Minerals, Metals & Materials Society, 2021 (73): 16-18.

[259] Tucci M, Bandinelli R, Carli D. Building a Reference Model for the PLM Processes in Engineering and Contracting Sector [M] //Koch T. Lean Business Systems and Beyond. Springer Boston, 2008.

[260] Velenturf A M, Purnell P, Jensen P D. Reducing Material Criticality Through Circular Business Models: Challenges in Renewable Energy [J]. One Earth, 2021, 4 (3): 350-352.

[261] Vo Hung Son T, Coelli T, Fleming E. Analysis of the Technical Efficiency of State Rubber Farms in Vietnam [J]. Agricultural Economics, 1993, 9 (3): 183-201.

[262] Watson P J. The Price of Natural Rubber [J]. European Rubber Journal, 2010, 192 (3): 32.

[263] Wattanakul T, Nonthapot S. An Analysis of the Competitiveness and Market Expansion of Thailand's Rubber Smoked Sheet Exports - A Technical Note [J]. Australasian Accounting, Business and Finance Journal, 2019, 13 (4): 92-99.

[264] Weber M B. Manufacturing the American Way of Farming: Agribusiness, and Marketing in the Postwar Period [D]. Iowa State University, 2018.

[265] Winter A, Simon C. Using GXL for Exchanging Business Process Models [J]. Information Systems and E-Business Management, 2006, 4 (3): 285.

[266] Zook C, Auen J. The Great Repeatable Business Model [J]. Harvard Business Review, 2011, 89 (11): 106-114.

[267] Zott C, Amit R. The Fit Between Product Market Strategy and Business Model: Implication for Firm Performance [J]. Strategic Management, 2008, 29 (1): 1-26.

附录　问卷调查

海南天然橡胶生产经营模式调查问卷

调查说明：本问卷是福建工程学院教师做学术研究专用，无任何官方机构参与，涉及的个人资料将严格保密，请您放心填写。研究海南天然橡胶种植模式问题，需要了解海南农场种植模式变迁过程、农场基本情况以及对天然橡胶种植模式的建议，特组织本次调查。感谢您在百忙之中对我们的热心支持。

第一部分　农场基本情况

1. 农场名称：＿＿＿＿＿＿＿＿＿＿＿＿＿＿＿＿
2. 农场成立时间：＿＿＿＿＿＿＿＿＿年。
3. 农场地址：＿＿＿＿＿＿＿＿＿＿＿＿＿＿＿＿
4. 农场性质：
①国有（国营）　　②集体所有制　　③股份合作制　　④民营
⑤其他＿＿＿＿＿＿
5. 农场总土地面积：＿＿＿＿＿＿公顷。
6. 农场总人口＿＿＿＿＿＿人，其中，在岗职工人数＿＿＿＿＿＿人，离退休及病退职工＿＿＿＿＿＿人。
7. 农场固定资产总值＿＿＿＿＿＿万元，地区生产总值＿＿＿＿＿＿万元，工农业总产值＿＿＿＿＿＿万元，农业总产值＿＿＿＿＿＿万元。
8. 全年总收入＿＿＿＿＿＿万元，工资收入＿＿＿＿＿＿万元，自营经济纯收入＿＿＿＿＿＿万元。

第二部分　橡胶生产经营模式情况（2020年）

1. 橡胶品种：_____，橡胶种植面积_____公顷，当年定植_____公顷，总株数_____株，其中，已开割面积_____公顷，已开割株树_____株，年平均开割面积_____公顷，年平均割胶株树_____株，当年实际割胶株树_____万株，当年实际停割株树_____万株，其中风害停割_____万株；全年割胶天数_____天，全年因雨停割天数_____天，全年平均割胶刀数_____刀，开割日期_____月_____日，停割日期_____月_____日。

2. 全年干胶总产量_____吨，其中标准胶_____吨，浓缩胶乳_____吨，烟胶片_____吨，平均公顷产干胶_____公斤，年单株产量_____公斤，年平均干胶含量_____%。在干胶产量中，联营胶_____吨，个人胶_____吨，当年收购民营胶_____吨。

3. 橡胶工人_____人，割胶工_____人，其中一级胶工人数_____人，占总胶工人数比率_____%。苗圃工人_____人，幼树管理人员_____人，制胶工人_____人。年平均割胶人数_____人，年胶工平均割胶株数_____株。

4. 橡胶生产固定资产投资总额_____万元，劳动者报酬总额_____万元，其中全年工资总额_____元，自营经济纯收入_____元；劳动者人年均纯收入_____元/人年，其中，职工平均工资_____元/人，自营经济纯收入_____元。

5. 农场现有的经营模式有_____（可选多项）

①开割胶园长期承包模式

②橡胶中小苗八年抚管模式

③33年橡胶全周期承包模式

④合作开发型橡胶成本模式

⑤其他_____

6. 推行这种模式的年份是_____年。

7. 推行这种模式前后职工年收入有无变化？

①有　②无

8. 收入增加还是减少？增加_____元，减少_____元。

9. 您是否对这种模式感到满意？

①非常满意　　②比较满意　　③一般满意　　④不满意

10. 您认为这种模式存在一些什么问题？

11. 您对这种模式有什么改进的意见和建议？

2020 年橡胶生产情况表

类　型	开割面积（公顷）	产量（吨）	职工人数（人）
股份胶			
自营胶			

2020 年天然橡胶成本构成表　　　　　单位：元/吨

2020 年股份胶成本构成表			2020 年自营胶成本构成表	
	3：7 分成	4：6 分成		
两病防治			两病防治	
刺激用药			刺激用药	
消毒用药			消毒用药	
涂封剂			涂封剂	
乳胶保鲜剂			乳胶保鲜剂	
农药			农药	
工具用具			工具用具	
乳胶运费			乳胶运费	
肥料费			肥料费	
直接成本合计			直接成本合计	
加：劳务费			加：土地费	
管理费用				
社保五项				
护林保胶				
地租				
林木折旧				
工会、职教经费			工会、职教经费	
其他费用			劳务费	
总成本合计			总成本合计	

海南农垦各农场橡胶成本收益情况

				农场		
项 目	单位	2016 年	2017 年	2018 年	2019 年	2020 年
每公顷橡胶						
干胶产量	公斤					
产值合计	元					
橡胶产值	元					
副产品产值	元					
净利润	元					
现金成本	元					
现金收益	元					
成本利润率	%					
每吨橡胶						
平均销售价格	元					
工资	元					
福利费	元					
种子种苗费用	元					
直接材料	元					
肥料费	元					
农药费	元					
割胶工具用具	元					
燃料及动力	元					
化工材料	元					
其他材料	元					
折旧费	元					
其中：林木折旧费	元					
胶水运输费	元					
加工设备维修费	元					
其他直接费	元					
护林保胶费用	元					
其他费用	元					
制造费用	元					

农场

项　目	单位	2016 年	2017 年	2018 年	2019 年	2020 年
直接生产成本合计	元					
加：管理费用	元					
其中：劳动保险	元					
财务费用	元					
销售费用	元					
税金	元					
综合成本合计	元					
净利润	元					
现金成本	元					
现金收益	元					